한 가닥 바람이 되어

현대수필가100인선·13

한 가닥 바람이 되어

정명숙 수필선

좋은수필사

■ 책머리에

    수필은 누구나 부담 없이 읽고, 마음만 먹으면 직접 쓸 수도 있는 가장 친근한 문학이다. 다른 영역의 문학이 영상매체에 밀려 신음하고 있는 중에도 수필 인구만은 날로 증가하여 바야흐로 수필 전성시대를 구가하고 있는 이유도 거기에 있을 것이다.
    시대적 추세에 힘입어 수많은 수필전문지, 수필동인지가 창간되고, 이에 비례하여 신진 수필가도 날로 늘어나다 보니 이제는 그 많은 작가, 그 많은 작품 중에서 문학성 높은 작품을 가려 읽는 일이 쉽지 않게 되었다. 이런 현상은 작가에게나 독자에게나 결코 바람직한 일이 아니다. 더 나아가서는 수필을 연구하는 후세들에게도 큰 부담이 될 것이다.
    이런 문제를 해결하는 데는 출판인도 마땅히 한몫을 감당해야 한다는 평소의 소신에 따라, 본사가 기꺼이 그 역할을 맡기로 했다. 그 첫 번째 사업으로 시대를 대표할 만한 수필가 100인을 선정하고, 작가가 자선한 40편 내외의 작품을 수록한 문고본을 발간하여 이를 널리 보급함으로써 그 소임을 다하고자 한다.
    본사는 사명감을 가지고 이 사업을 추진해 나가기로 했다. 작가 선정을 전담할 편집위원회를 구성하고 전권을 위임하여 일체의 사적인 정실이나 청탁을 배제함으로써 전문성과 공정성을 확보해 나갈 것이다.

따라서 이 기획물 속에는 작가의 문학정신뿐만 아니라, 본사의 문학사적 기여 의지와 편집위원 제위의 수필문학에 대한 애정과 문인으로서의 양심이 함께 담겨 있음을 자부한다. 다만, 작가를 선정하는 기준에는 많은 견해의 차이가 있을 수 있고, 선정 과정에서도 미처 챙기지 못한 부분이 있을 것이라는 사실만은 인정하지 않을 수 없다. 이 점에 대해서는 관계자 여러분의 양해 있으시기 바란다.

이 시리즈의 발간 순서는 작가, 또는 본사의 사정에 의한 것일 뿐 그 밖의 어떤 기준도 적용하지 않았음을 밝힌다.

본 기획물이 시대를 초월한 많은 수필 애호가들의 관심과 애정 속에 우리나라 수필문학 발전에 한 이정표가 되기를 바랄 뿐이다.

2008년 4월

좋은수필 발행인 서 정 환
현대수필가 100인선 간행 편집위원 박 재 식 최 병 호
정 진 권 강 호 형
변 해 명

| 차례 |

1_부

공부는 즐거워 • 12
남자는 여자를 좋아해 • 18
그때를 아시나요 • 22
자연에 지은 집 • 29
旅行은 즐거워 • 34
정과부 • 38
그이를 따라갈 겨를이 있어야지 • 44
산다는 것은 • 47
孝親은 우리들의 종교 • 53

2_부

음악 싸롱 * 60
신발굽 이야기 * 63
레몬을 좋아하는 女子 * 67
換乘驛 * 71
얼굴 * 75
쇼핑백 * 80
먼지를 털어내며 * 86
수필쓰기가 어려워지고 있다 * 90
재치와 여유 * 95

3_부

책과의 만남 * 100
나이를 묻지 말아요 * 105
책 대접 * 108
혼자 식탁에 앉은 女人 * 112
풍선 * 116
파리 포수 * 122
弓漢村 吉州 * 126
굳은 살 * 131
나는 그때 15살 아이였다 * 136

4_부

책선물 • 144
할머니는 천재 • 148
파리와의 전쟁 • 151
곰인형 • 155
목간하자 • 160
개미의 하나님 • 164
인생은 결코 짧지 않다 • 169
한 가닥 바람이 되어 • 176
왕고모 • 179

◼ 작가 연보 • 182

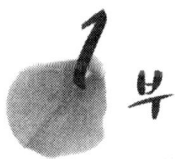
1부

공부는 즐거워
남자는 여자를 좋아해
그때를 아시나요
자연에 지은 집
여행을 즐거워
정과부
그이를 따라갈 겨를이 있어야지
산다는 것은
孝親은 우리들의 종교

공부는 즐거워

어제 외출에서 들어오다 우편함을 열어보니 편지가 와 있다. 타자로 친 다섯 살난 손자의 것이었다.

'외할머니 공부도 숙제도 잘하세요. 건강하시고 오래오래 사세요.' 민수 올림.

이제 미국 아이들과도 순식간에 소식을 주고 받을 수 있다는 인터넷은 멀지 않아 소리와 화상면담도 하게 되려나보다.

소위 자동차부집 딸이라는 게 어릴 때부터 기계치다. 그것을 잘아는 식구들이 얼마 안가서 말로 입력되는 아주 간편한 컴퓨터가 나올테니 걱정 말라 위로한다.

그래서 미루다 미루다 안되겠기에 늦깎이로 요즘 컴퓨터를 시작했다.

1964년 공병우타자기가 나오자 남편은 시력이 나빠 언젠가는 원고 쓰기 어려울 것 같다며 첫번째로 사들였다. 그리고 왼손 오른손 며칠 뚝딱거리더니 딱딱한 쇳소리가 거슬린다며 다락속에 처넣어버리고 만게 지금 우리집에 유품으로 남아 있다.

인터넷은 세계와 통하는 열린 문이라는데 미국 사는 손녀와도 이것 아니고는 영영 왕따 당할 것 같은 위기감도 더해갔다.

현대는 인터넷이 판을 친다. 활자나 영상매체와 다르게 많은 정보를 얻을 수 있어 편리하지만 한편 스스로의 머리로 생각하고 배우고 할 공간이 전혀 없다는 게 문제다.

컴퓨터는 1936년 영국의 수학자 아란·쥬팅크기 고안한 것인데 그의 계산 모델에 기초를 두고 헝가리 출신인 금세기 제일의 수학자의 한 사람인 죤·폰·노이만 등이 1945년 미국에서 연구한 프로그램 내장방식이 오늘날 우리가 쓰고 있는 컴퓨터의 기본원리라 한다.

내 주위에 컴퓨터 못하는 사람이 몇 안 된다. 그런데 활자를 기초로 한 영상과 인터넷을 조화하며 배우는 일이 큰일인데 우리가 지금 쓰고 있는 컴퓨터도 불충분한 점이 많다 한다.

파스칼은 사람은 생각하는 갈대라 했는데 《팡세》의 원문에서는 인간은 보잘 것 없는 나약한 존재인데 생각할 수 있는 갈대라 했다.

팡세는 불어로 사상과 종교와 인간에 대한 사고능력을 역설하고 있다. 지식은 간단하게 얻을 수 있지만 지혜는 땀흘려 실천하는 가운데 얻어지는 소산임을 말하고 있다. 글로 마음을 정갈히 하고 마음으로 얼굴을 만들어가는 갈대와 같은 인간의 참모습을 투영한 팡세는 종교서다.

어제 딸에게 부탁해 파스칼을 찾아봤더니 정말 많은 자료를 얻을 수 있었다. 인터넷은 모든 정보를 다 얻을 수 있다. 그래서 책이 안 팔리고 사이버 출판이니 하는 새로운 경향으로 흐르고 있다.

그러나 컴퓨터는 어디까지나 가면假面의 세계여서 영상에서 얻어지는 정보는 편리할는지 몰라도 사고는 해주지 않는다.

우리가 살아가는데 있어 밑거름이 되었던 것은 뭐니뭐니해도 지난날 읽어두었던 독서였다. 1973년 대학에 출강하게 되면서 두 시간 강의하기 위해 꼬박 이틀 자료 찾아 정리하고 판서해보며 연습하고 나서야 겨우 강의를 할수 있었다. 열 번 읽기보다 한두 번 써보는 편이 머리 속에 잘 입력되는 것을 경험했다.

아마 그때부터 내 공부는 시작된 것 같다. 그 습관이 오늘 나를 외롭지 않게 하고 있는 독서상우讀書尙友로 손자들에게는 공부하는 할머니로 보이니 얼마나 다행인가.

독서한다는 것은 의사擬似체험이고 추追체험이다. 우리가 일생동안 체험할 수 있는 것, 생각할 수 있는 것은 사실 얼마 안된다.

책을 읽는다는 것은 여러 정보를 얻어 사고할 수 있다는 점에서는 변함이 없다. 지금도 열살 안팎에 읽었던 책 내용이 기억 속에 있다.

바라건대 13, 4세 맑고 순수할 때 칠학서 같은 것 읽어둔다면 먼 훗날 인생관, 세계관으로 발전할 거름이 될 것이기에 어른들은 교육내용에 억지로라도 넣어주었으면 한다.

요즘 젊은이들은 책을 읽지 않는다고 걱정들 하지만 나는 그렇지 않다고 본다. 현재 우리 사회는 인터넷이나 게임 등 재미있는 미디어가 너무 많다. 우리 세대는 책밖에 무엇이 있었던가.

시대가 다르니까 책 읽으라 몰아붙여도 소용이 없는 것 같다.

그러나 만화로는 고전류가 꽤 읽히는 모양이다. 삼국지 등이 인기 있는데 만화라고 가볍게 웃어 넘길 일이 아니다. 그렇게 해서라도 어린아이들 머리 속에 넣어줄 수 있다면 좋겠다.

우리집 아이들도 만화를 좋아해 점점 유식해 가는 걸 본다. 그런데 문체나 문장이 다듬어져야겠다. 아이들의 말투가 거칠어져 간다. 교육은 말과 글로 다듬어진 사고를 토대로 해 실천하는 행동인 것이다.

근대화 속에서 서양을 너무 부러워한 나머지 모방이라도 빨리해야 된다고 서둘러 왔다. 그런데 시간이 지나면서 세계 사상의 최고봉은 동양사상이라는데 귀결되었다.

온고지신溫故知新은 공자의 말씀이고 참된 의미의 창조는 고전과의 만남으로 시작된다고 한 것은 프랑스의 철학자가 한 말인데 표현은 다르나 뜻이 같은 이 말은 동서가 견해를 같이 한다.

≪논어≫, ≪대학≫ 등이 동양인들의 정신적 토양이 되어 오늘에 이른 것을 우리는 안다. 이같이 인간은 생각하는 갈대인데 그 사고의 능력으로 이제 우주를 정복하고 있다.

우리는 오랫동안 앞으로 나가는 것만 생각하며 달려왔다. 땅속 깊이 뻗어나간 뿌리가 소리없이 받혀주고 있다는 사실을 까맣게 잊고 있었던 것이다.

≪팡세≫에서 인간에 깊은 통찰을 쓴 파스칼은 17세기 불란서를 대표한 사상가 과학자 종교가다. 1차대전에 참전한 군인들의 배낭 속에 꼭 챙겼다는 ≪팡세≫.

활자문화가 사라진다는 우려의 소리가 가슴을 조이고 있다.

그래도 나는 믿는다. 활자가 더 낡아 뭉개질 지경이 되어도 피와 살이 되어 흐르고 있다는 사실을 부인할 수 있겠는가.

얼마 전 1943년 신문에 실렸던 것을 찾아 남편의 유고집에 넣을 수 있었다. 독서체험의 영향을 가치로 따진다면 얼마나 될까. 아마 무한대일 것이다.

요즘 도올의 ≪논어≫가 화젯거리다. 화면 속에 비치는 수강자들의 진지한 얼굴을 보면서 사회가 아무리 어지럽다 해도 우리에게 희망은 있다고 본다.

배운다는 것은 언제나 즐겁다. 호기심을 채우는 과정이기에 재미있다.

죽는날까지 배워야할 게 너무나 많은 현대다.

오늘도 나는 잠 안오는 밤 컴퓨터 앞에 앉아 또드락 또드락 키를 누르며 배움이라는 놀이에 푹 빠져 시간가는 줄 모른다.

남자는 여자를 좋아해

 시앗을 보면 부처님도 돌아앉는다는 말로 그 분노의 정도를 표현하고 있다. 내가 1955년경 살았던 종로구 원서동 13번지 일대는 비원에서 흘러나오는 맑은 물에 동네 아주머니들이 삼삼오오 모여들어 빨래하며 시누, 남편, 시어머니 욕하며 힘껏 두들겨 패듯 흐르는 물에 울분을 풀었다. 그 때는 이불 홑청으로 광목 한 필 사다 양잿물에 삶아 바래던 때라 김이 무럭무럭 나는 것을 빨랫돌에 얹어놓고 실컷 두들겨 빨고 나면 웬만큼은 분이 삭았다.
 1938년 일본의 유명한 시인 도이반스이(土井晩翠1871~1952) 시 속의 청계천 변의 여인들의 빨랫방망이 소리로 조선 여인들의 풍경을 그린 시가 있다. 당시 서울 문안 여자들은 대개가 청계천 빨래터를 이용했다. 남녀 할 것 없이 하얀 옷을 입었으니 빨래는 여자들의 필수였고 바깥사람의 옷을 깨끗이 입혀야 알뜰한 주부라 했다.

의포 단장 옷이 날개라. 양반들의 의관은 권위의 상징으로 외모를 중시하기에 이르렀다. 그런데 지극 정성으로 빨고 다듬어 바느질해 날아갈 듯이 차려 입혔더니 기방 출입으로, 작첩으로 배신한다면 어느 여자가 좋다하겠는가. 정말 부처님이 돌아앉을 일이다.

그 증오가 오죽했으면 여자의 함원은 오뉴월에 서리 내린다고 했을까. 그 좋았던 시절은 가고 요즘 남자들이 한눈 팔았다가는 끝장나고 만다. 유사이래 남녀는 불가분의 관계여서 만나면 불똥이 튀게 되어 있는 모양이다.

여기 저기 문화센터에 글을 쓴답시고 기웃거리는 일부 예비 작가들이 등단이라는 걸 하기 위해 모이고 있다. 그러니 자연 작가를 따르는 제자라는 이름의 문하생들이 꽤나 많다.

자고로 여자 싫어하는 남자 없다더니 작가는 여자를 좋아하는지 아니면 여자가 작가를 좋아 따르는지 알 수가 없다. 안방 마님들 속깨나 썩을 것 같다.

내가 아는 어떤 작가는 장편소설 하나 들어갈 때마다 여자를 갈아댔다고 했는데 모를 것은 남녀관계이다.

우리가 감명 깊게 보았던 영화 〈무기여 잘 있거라〉, 〈노인과 바다〉, 〈누구를 위해 좋은 울리나〉의 저자 헤밍웨이는 아내가 넷이나 되어 매일 삼각관계로 전쟁을 방불케 했다 한다.

보통 남자를 말할 때 일에 대한 열정, 먹성, 성욕은 비례한다더니 하나의 정복욕인 것 같다. 헤밍웨이의 네 번째 부인은 스페인 내란 때 격전의 현장인 마드리드에 잠입하기도 했고 중일전쟁 중 태국으로 날아가 기사를 띄웠던 용맹함도 헤밍웨이보다 더 과감했던 강철 같은 여자였다. 뚜렷한 개성과 의지로 전상을 입으며 그들의 사랑을 키웠다.

전선뿐만 아니라 가정에서도 전쟁터 같은 수라장이었다니 헤밍웨이 스스로가 뿌린 결과였겠지만 골치깨나 아팠을 것이다.

남자가 처첩을 거느린다는 것이 얼마나 고달프면 바다로 도망갔을까.

헤밍웨이가 사랑한 여자들도 별 수 없이 가정에서 언제나 형사 콜롬보같이 아주 작은 단서로 진상을 캐내는 민완 형사였다.

남자의 허술한 거짓말은 끝내 꼬리가 잡히게 되어 있다. 여자들의 치밀성을 남자는 죽어도 따를 수 없으니까.

얼마나 시달렸으면 그 대인 같은 사나이가 《노인과 바다》에서 착한 소년 하나만 등장시켰을까. 시끄럽고 골치 아픈 네 여자가 지긋지긋해 이 어린 소년에게서 위안을 받으려 한 것 같다.

종군한다든지 투우나 수렵, 그리고 바다 낚시에 열중했던 사나이 중의 사나이로 뭇 여성들의 선망의 대상이 도피처로 그런 곳을 택했는지도 모를 일이다.

첫 부인과의 이혼의 상처, 허영쟁이 부잣집 여자에 질린 이야기는 작품 ≪이동 축제일≫로 정리 되었다. 마지막 네 번째 미망인은 헤밍웨이가 죽자 바로 수기를 썼다. ≪헤밍웨이의 마지막 외침≫이란 제목으로 사생활을 폭로해서 천국으로 가고 있던 헤밍웨이가 기겁을 하며 돌아설 것 같은 기분의 내용이었다. 너무했다 싶은 씁쓸함이 들었다.
　어쨌든 잠시도 편한 날 없었을 것 같은 작가의 생전 모습이 눈에 선하다. 행복하려고 했던 결혼이 그를 현실에서 도피할 수밖에 없게 만늘어 바나로 내몬 것 같다. 자업자득이었다. 팬인 우리들은 흥미진진한 이야기지만 헤밍웨이의 자살은 네 여자와 무관하지 않을 것 같다.

그때를 아시나요

 태양신문 기자였던 오빠의 권유로 대중지 희망사 기자모집에 응모하기로 했다. 1950년대 부산은 이북 피난민, 서울사람, 각처에서 밀려 내려와 북새통이던 시대다. 물 부족으로 골목마다 물통이 길게 줄을 잇고 두세 시간 기다려야 겨우 한 통 얻어다 밥을 지어 먹을 수 있었다.
 그야말로 산다는 게 전쟁이었다.
 그런 전란 속에서도 여자들은 유행을 따르려 해 마카오 무역에서 들어오는 비로드와 양단, 호박단으로 치마 저고리해 입고 코티분을 발랐다. 그런데 면접 보러 가는 내 행색은 정말로 초라하기 짝이 없었다.
 미군들이 떨어뜨린 낙하산 기지를 염색해서 만든 검은 통치마에 분홍저고리. 지금 실내화 같은 운동화, 머리는 하나로 질

끈 동여맨 촌뜨기였는데도 나는 하나도 부끄럽다고는 생각하지 않았다. 어떻든 그 촌뜨기가 뽑혀서 출근을 하게 되었는데 말이 기자지 파발마였다.

편집장인 시인 공중인씨가 모윤숙 선생 댁에 갔다 오라고 한다. 광복동에서 송도 해수욕장행 버스를 타고 가는데 종점에서 내려 한참을 가파른 송림 사이를 지나 이르른 대저택에 나는 놀랐다. 문간에는 셰퍼드가 진을 치고 수위 같은 사람도 보이지 않아 한참을 서성이는데 불쑥 웬 청년이 나타나더니 뭐하는 사람이냐고 윽박질러 기가 죽은 내가 대답 대신 원고 청탁서를 내밀자, 나를 아래 위 훑어보고 나서 들어오라는 것이다. 내가 이북에 있을 때 목숨 걸고 공산당 치하에서 받아본 문예지文藝誌의 유엔 참관기를 읽으며 얼마나 보고 싶어했던 대시인이었던가.

〈렌의 애가〉를 암송하던 순진한 문학소녀였다.

이윽고 선생님과 대좌하여 커피라는 걸 마시게 되었는데, 그 첫 만남에 사사로운 일 등 묻는 대로 또박또박 이야기했더니 고향아가씨라며 반겨 주셨다.

그 후 모선생님댁에 가라면 신이 났다. 멀고 힘들어도 커피나 양과자 얻어먹는 맛에 들락거렸다. 나의 기자 생활은 정말 고달팠다. 그러나 한 달만 되면 내 생애 처음으로 월급이라는 걸 받는다 생각하니 저절로 기운이 났다.

30만환 거금이었다. 그런데 쌀 한 가마니 값이 안 되었다 그래도 신이 났다.

유진오 선생님 댁은 송도로 가는 중간쯤이고, 이희승 선생님댁은 숙대 피난 가교사가 있는 대신동이 었는데 두 분 다 학자시라 옹색한 피난살이에도 분위기가 차분했다.

한번은 부산 방송국 작가실에 노천명 선생을 찾아갔더니 나지막한 소리로 마치 시골길에 홀로 핀 보랏빛 들국화 같은 인상이었다. 방송국 내려오는 길가에 지금의 포장마차 같은 곳에서 가락국수 한 그릇 대접받고 돌아오며 나는 작가도 이렇게 여러 부류이고 사는 모습도 다르구나를 깨닫기 시작했다. 지금 회상해봐도 노천명 선생은 청승맞을 정도로 외로워 보였다. 그 때의 인연으로 이희승 선생님은 나를 동아일보사장으로 계시던 말년까지 내내 자상하게 기억해 주셨다.

하루는 삽화다 교정이다 파김치가 되어 돌아온 나를 이무현(한국일보 조사국장으로 퇴임한 숙대 선배)씨와 박세자 선배가 보리차 한잔 따라주며

"미스 정, 학교 가고 싶지 않아? 이렇게만 지내기엔 너무 아깝다 우리가 도와줄 게."

그 소리에 나는 말을 못하고 울음으로 대답했다.

"월급 받으면 눈 꼭 감고 댓달 모아봐요. 우리 학교(숙명여대)에 편입학하게."

언감생심 꿈도 꿀 수 없었던 일이다. 일본 유학이 아니면 숙명여전으로 가겠다고 했던 나에게 그 제안은 하늘이 준 구원

리며 천막 속으로 들어가 내 구두를 보이며 고칠 수 없겠느냐고 했더니

"저기 큰 자루에서 맞는 거 있거든 찾아보슈."

이제 살았구나 하며 고맙다는 인사를 하고 뒤지기 시작하는데 뒤에서 인기척이 나더니

"미스 정, 뭐해."

방송국 장기범 아나운서도 아닌가. 이런 때는 모른 체하고 그냥 지나가 주면 좋겠는데…. 아나운서가 월급만으로 살기 힘들어 숙명여고에 출강한다고 했다. 그 때 부끄럽고 무안해서 야속하던 일이 벌써 50여 년 전 일이다.

프로포즈하느라 "비로드 치마 열개 사줄게" 하며 지겹도록 따라다니던 친구도 이 세상 사람이 아니다.

시간은 물과 같이 흐르는데 가끔 추근대던 친구들을 생각하며 혼자 웃는다. 지금 그들은 어디서 무엇을 할까, 아니면 벌써 떠나가 버렸나. 부질없는 일이다.

결혼 예단에 비로드 치마와 양단 저고리, 코티분이 최고였던 그 때를 우리 아이들은 모른 채 오늘의 풍요를 누리고 있다.

팥죽 한 그릇 순대국 한 대접으로 온 식구가 목축이던 지지리도 가난하던 사연들은 기성세대의 가슴속에 거름으로 싸 묻었다.

시인 유치환의 〈파도야 어쩌란 말이냐〉는 피난민들이 영도다리 밑이나 국제시장에서 꿀꿀이죽 한 그릇과 낙동강 소주에

시름을 달래며 울부짖던 면면들이다.

시인, 소설가 취재가 많으니까 어느 날 달러 장사가 많던 40계단 맞은편 '詩人의 집'이란 곳에 갔다. 그런데 중국 상해에서 왔다는 주인 박거영朴巨影 시인을 보는 순간 놀라고 말았다. 오늘날의 살롱이고 카페 같은 분위기가 이북에서 온 촌스러운 눈엔 말할 수 없는 퇴폐적인 곳으로 비쳤기 때문이다.

평론가 임긍재 선생이 있는 광복동 자유세계에 가면 가끔 나타나던 〈세월이 가면〉의 시인 박인환은 눈이 번쩍 뜨일 만금의 멋쟁이였다. 모두가 구제품 아니면 미군복을 염색해입던 때였으니까, 박인환의 곤색 바바리는 가고 오는 사람마다 한 번씩은 다시 보게 했다. 후에 들은 이야기에 의하면 그는 와인을 실컷 마실 수 있는게 좋아서 외항선원이 됐노라 한다.

박인환의 〈세월이 가면〉은 이진섭 선생이 작곡하고 박인희 노래로 샹송이라는 달콤한 멜로디로 가난에 찌들은 우리들 가슴에 촉촉히 내리는 단비 같은 위로의 손길로 오늘까지 이어오고 있다.

며칠 전 내 친구 김윤순이 하는 한국미술관 20주년 행사에 초대되었다가 가수 〈조영남과 용인 사람들〉 조형물을 보았다. 식순에 따라 작가의 작품설명을 들으며 가슴이 뭉클했다. 50여 년 전 구제품 아니면 미군 담요를 염색해서 교복이 되었다.

1953년 내가 숙대에 들어갔을 때 마군 담요 염색해서 만들어 입었던 뒤판이 네 쪽이나 되는 플레어 오버코트가 유행했

어린아이들은 소꿉장난 할 때 내 공간이 필요해진다. 아마 그때부터 내 방, 내 집, 우리집 의식이 시작되는 것 같다. 그렇지만 우리 때만 하여도 대가족이어서 각자가 제 방 차지하기란 쉽지 않았다. 어른들이 차지하고 나서 언니, 오빠 순서가 엄연했기 때문이다. 방이란 소유가 생기면서 필요해지는 공간이다. 감추고 싶은 게 생기면서 절실해진다.

언니, 오빠가 외지에 유학하고 난 후 초등학교 4학년 때 비로소 내 방이 생겼다. 물려받은 책상, 의자, 시계, 옷장, 그 공간은 내게 있어 지상의 낙원이었다. 그 흥분은 얼마 동안 나를 들뜨게 했다. 소년, 소녀 잡지에서 뜯어낸 그림 붙이고 꾸미느라 불러도 나오지 않고 방이 너무 좋아 틀어박혀 꼼짝을 안했다. 골방 같은 곳이었지만 나는 그곳에서 초록빛 꿈을 키울 수 있었다. 아주 어렸을 때는 다락방이 내 비밀스러운 공간이었다. 왜 그랬는지 나는 틈만 나면 그곳에 올라가거나, 유리창 달린 긴 마루 구석에서 혼자 놀기를 좋아했다.

열대지방에 가면 집들이 원두막처럼 되어 있는 걸 본다. 습기 때문이라 한다. 나는 한창 때 병약해 부모님을 애먹이며 과수원에서 요양하느라 원두막 신세를 졌다. 다락방 같은데 좀은 신식이어서 유리창이 달린 요즘의 원룸인 셈이다. 나무 사다리 타고 올라가면 탁 트인 시야엔 남대천 물줄기가 햇빛에 반사되어 은빛, 금빛으로 하늘거리는 게 보였다. 시원하게 펼쳐진 자연이 모두 내 것이었다. 그런데 내가 좋아하는 그곳은 여름 한철밖에 쓰지 못한다는 게 흠이었다. 지금도 기억나는 것은 어머니가 나를 위해 갖다 놓은 황금빛 놋요강, 하루 종일 친구가 되어 주었던 고양이와 책들, 그것은 나에게 있어 구원이었다.

지금 내 집 앞 탁 트인 공간에서 바라본 아파트숲, 이렇게나 집들이 많은데 무주택자가 그리 많다니 정말 걱정이다. 좁아터진 임대아파트가 있는가하면 7, 80평짜리 고급빌라, 전원주택, 연립, 단독주택, 오피스텔 등 가짓수도 많다. 며칠 전 자료를 찾다가 우연히 보았는데 1975년 일본은 주택문제가 심각해 시위가 있었다 한다. 주최측 예상으로는 아마 10만쯤은 모일거라고 기대했는데 정작 모인 것은 30여 명, 예상이 빗나간 것을 보고 실망하여 정치가도 집 없는 서민도 일본인의 의식에 문제가 있다고 개탄했다는 이야기다.

10만이라는 무주택자의 불만이 에너지로 집결된다면 혁명이라도 일어날 것 같지만 좁디좁은 주공간과 비싼 임대료에 잘도 참아내는 일본인들, 마치 닭장 같은 집, 코인락카 같은 캐비닛 룸에서 용케도 견뎌내는 것이 이상할 정도다. 서구인들의 집은 성城이다. 외적으로부터 방어할 수 있고, 개인재산을 보호하는 생활의 거점인데 비해, 일본의 집이란 살아있는 동안 잠시 머무는 스님들의 거처쯤으로 알아서 의, 식이 먼저이고 그 다음이 주공간이다. 그런데 서구는 주공간이 우선한다. 말하자면 일본은 공사판 인부들의 임시숙소 같은 뜻이 커

집도 지어 보았다. 가끔 아름다운 집을 소개하는 걸 보면서, 좋구나 하지만 정작 갖고 싶다는 생각은 이제 없다. 다 해 보아서인지, 합리적 사고 때문인지, 아니면 멀리 가고 있는 기차와 같은 내 인생의 끝이 보여서 다 두고 떠날 준비 탓인지, 그 옛날 과수원 원두막처럼 원룸 하나면 될 것 같다. 아주 홀가분하게 다 덜고 싶은 심정이다.

집이란 결국 살아 있는 동안 잠시 머무는 공간이 아니겠는가. 모든 집착에서 벗어나야 하는 시점에 이르면 소유의 개념도 달라지는 모양이다. 창문을 활짝 열고 쏴아 하고 달려오는 상큼한 봄을 마신다. 집은 곧 자연의 품이다. 집이란 내면적으로 내게 충실한 공간이면 되지 않을까.

旅行은 즐거워

처음부터 계획적으로 길을 나선 것은 아니다. 하다 보니 또 다음다음으로 이어지게 된 것이다. 동행한 이들에게서 많은 것을 배우며 광활한 유라시아 대륙의 웅대한 로망을 보았다. 점으로 선으로 이어지며 문화, 문명, 역사, 고고학, 미술, 음악, 종교 학문의 지혜를 얻었고 동행한 젊은 학자 들에게서 큰 도움과 조언을 얻어 오늘에 이르렀다. 우연히 합류하는 여행길은 내 건강이 허락하는 한 계속될 것이다.

인생은 나그넷길이라 하지 않는가.

요즘 몽골에 다녀왔다는 사람들이 부쩍 많아졌다. 몇 년 전 울란바토르행 KAL을 탔더니 기내 TV에서 몽골 씨름대회(나담)가 방영되고 있었다. 몽골 의상을 차려입은 여인들의 마린홈馬頭琴을 타는 애조 띤 가락이 흐른다. 드넓은 초원에서 가족

같은 애마가 죽자 말꼬리를 뽑아 줄을 꼬고 말 머리 모양의 나무통에 줄을 매어 사랑, 그리움, 추모를 실어 극락왕생을 빌었다는 악기다. 우리와 몽골은 비슷한 게 많지만 어업과 농업으로 삼면이 바다인 우리와, 몽골은 내륙으로 목축과 유목이 주다. 사실 나는 그들을 잘 모르지만 징기스칸, 후비라이가 현대 사회 속에서 어떤 존재로 남아있는지 상상조차 할 수 없다. 화면엔 푸른 초원과 하얀 천막 같은 집(파오.게르)이 대조를 이룬다. 양가죽으로 휄트를 만들고 말꼬리를 꼬아서 바람에 날아가지 않게 묶은 게 이들의 집이다.

우리 일행은 운 좋게 고비사막에 있는 솔롱거씨 집에 초대 받게 되었다. 초원엔 길 같은 길도 없다. 주소, 번지도 없다. 하얀 양가죽으로 된 크기가 비슷한 5, 6채 가운데 하나가 솔롱거씨 집이다. 몽골인은 목이 굵고 광대뼈가 나와 있고 눈은 작지만 우리보다 우람해 보였다. 테일(몽골전통의상)을 입고 가죽허리띠를 두르고 나타난 주인의 위풍당당한 풍모, 들어서자 정면엔 징기스칸, 후비라이, 라마신을 모시고 그 앞자리엔 연장자가 앉아 손님을 맞이하는데 벽엔 타피스리 같은 벽걸이가 여러 개 걸려 있다. 몽골 노인은 집을 지키는 수호신처럼 모시는 모양이어서 상석의 푹신한 털방석에 앉아 있다. 먼 데서 온 손님에게 마유주馬乳酒나 우유차 같은 것을 대접하는데 놀랍게도 칠보은잔이 나오는 게 아닌가. 일설에 의하면 독극물을 가리기 위함이라니 우리의 궁중 수라풍습과도 같다. 고비사막 한 모퉁이에 초대되었다는 사실에 가슴이 뛰었다.

　인생이 후반이 되어 진지하게 생각한 것은 사막여행에서였다. 사막은 젊은이들의 땅이 아니라 언제 죽어도 괜찮을 노인들을 위한 사색과 찬미의 땅이다. 사막은 아무것도 생성할 수 없기에 완벽했다. 그래서 순수한 마음으로 돌아갈 수 있는지 모른다. 모래와 파란 하늘과 나, 신神과의 격의 없는 대화가 이루어지는 땅이다. 다음날 일본의 스모(씨름)나 우리의 민속 씨름대회 같은 나담의 전야제가 있어 울란바토르는 온통 축제 분위기다. 기수는 열두 살 안팎의 남녀. 끝없는 초원을 마구 달리는 말과 사람 체력과 지구력 테스트로 사회주의시대를 거치면서도 라마교를 지키며 몽골인들은 말과 함께 공생하고 있다.

　밤이 되자 민속공연도 관람할 수 있었다. 우리 한복의 원형을 보는 것 같은 의상과 색체, 소품, 마두금의 애잔한 가락에 흠뻑 젖으며 나는 문득 실크로드 여행 중 우루무치 신강가무단의 민속무용이 생각났다. 위대한 서역이라는 이슬람화한 위구르자치구 그들 유목민 후예들의 악기가 인도풍의 만돌린 같은 것 그리고 중국인이라기보다 이란과 터키에 가까운 모습이다.

　코가 오똑하고 움푹 파인 큰 눈, 몽골의 징기스칸은 동서 교차로인 이곳을 거쳐 아시아의 서쪽 끝 푸른 사원의 돔, 차돌의 우수어린 검은 눈동자가 번득이는 페르샤까지 와서 세운 이르한왕조, 타므르왕조의 영향은 지금도 이란 곳곳에 그 자취를 남기고 있다.

나는 징기스칸의 유라시아를 제패하려 했던 대로망에 다시 한번 감탄했다.

민속무용을 보면서 리듬은 사람을 모든 것에서 해방시켜 준다고 생각했다. 악기의, 가락의, 춤사위 흐름을 볼 수 있어 좋았다.

3박자를 너무 좋아하는 한국, 일본과 중국은 2박자이다. 한국 무용은 손, 팔을 독수리나 학이 날듯이 하며 중심은 어깨에 있는데 비해 일본무용은 무술을 중심으로 아랫도리에 힘을 준다. 위구르인들은 온몸 3박자 리듬, 아마 이것이 돌아돌아 한국이라는 땅까지 흘러들어온 것을 확인하는 무대였다.

후에 어떤 책에서 보니까 인도풍의 만도린 같은 악기가 중국에 들어와 한국의 가야금, 거문고로 일본의 샤미센三味線, 고도로 온 것인데 한국이 제일 자기 고유의 소리를 간직하고 있다 한다. 지리적으로 반도였기 때문이라니 얼마나 다행인가.

여행은 그래서 가는 곳마다 새로운 배움이 있어 즐겁다. 비행기만 보면 또 어디론가 떠나고 싶어진다.

정과부

글자가 생기고 나서 인류에게 가장 많이 공헌한 것이 편지다. 의사전달 수단인 편지는 옛날부터 수많은 희비극을 낳았다.

SOS로써의 편지의 역할은 참으로 컸다.

한漢나라의 소무蘇武가 흉노에게 감금되어 20여 년 고생 끝에 기러기발에 편지를 매달아 보냈다는 고사에서 안서雁書가 생겨났고, 옥중의 춘향이가 한양 낭군 이도령에게 만리장서로 쓴 소식 두루마리를 방자편에 보낸 것도 유명하다. 그뿐인가, 서양의 발렌타인데이도 안서와 비슷한 이유로 해서 공개 구애의 수단으로까지 발전되어 많은 사연을 만들었다.

1954년 환도 직후의 어수선한 서울, 내가 다니는 대학 총무과 옆 초라한 편지함에 난데없는 괴엽서가 날아들었다. 그 당시는 위문편지 답장이나 올까 할 때였다. 도무지 납득이 가지 않는 내용이었다. 내 옛 애인의 필체를 내가 모를 리 없는데 그 사람이 쓴 양 그의 이름으로 연출된 내용이었다.

'정형! 보고 싶소. 이번 토요일 충무로 0에서 0시 기다리겠소.'

아무리 뒤집어 보아도 필체가 그 사람 것이 아니었다.

옳지, 심증이 가는 데가 있었다. 얼마나 괘씸한지 배신당한 것 같은 분노가 치밀었다.

친구들은 영문도 모르고 꼽사리낄 거라는 둥 한턱 내라는 둥 야단이지만 나는 속으로 벼르고 있었다. 약속한 날은 하루하루 다가오고 짓궂은 친구들은 잊지도 않고 내 뒤만 따라 붙었다. 한참 열애중인 남편이 꼬시는 바람에 나는 속도 없이 옛 남자친구 이름과 사연들을 그 과숙한 늑대에게 다 털어 바쳤더니 한다는 수작이 이것이었다.

아마 그래서 고금동서를 막론하고 처녀 때 편지나 일기는 꼬투리가 되니 다 없애버리라 하고 연애 같은 것은 결혼과 동시에 딱 잡아떼버리라 했나 보다. 그런데 이 숙맥이가 다 털어놓아버렸으니 사나이 가슴의 오해와 질투에 불을 지르고 만 셈이 되었다. 아니라도 미숙한 여대생에게 과숙한 기혼 남자였으니 그로서는 그럴 만하다고 하겠지만 그 소행이 너무나 괘씸했다.

그날이 밝자 아침부터 괜히 마음이 진정되지 않았다. 친한 친구에게 사정 이야기를 하여 궁리해 낸 각본은 남편을 내 친구가 전화로 불러내자는 연극이었다. 그리고서는 그 자리에 친구 대신 나갔더니 그의 놀라는 꼴이란…

그 후 나는 그와 결혼했고 수많은 오해와 곡해 속에 지겹도록 살아냈다.

가극 〈리골레트〉 중 〈여자의 마음〉의 아리아는 여심을 갈대와 같다고 했지만 나는 그렇게 생각하지 않는다. 변하기 잘하는 것은 여자가 아니라 남자의 마음이고 여자의 마음은 변하지 않는 대신 오해를 잘해서 탈이다.

오해는 편견을 고집하는 데서 온다. 그리고 자기의 편견으로 인해 생긴 오해를 풀지 못하는 것을 곡해라 한다. 말하자면 아는 억지니까 애교로 볼 수도 있지만, 오해는 정말 무서운 독기를 가지고 가정을 사회를 역사를 뒤흔들고 마는 경우가 많다.

내가 아는 일흔이 넘은 어른은 열일곱 살 처녀 때 일을 죄죄이 기억해 두었다가 다 죽게 된 늙은이하고 무릎맞춤하는 것을 보고 오해는 정말로 무섭다는 것을 실감했던 일이 있다.

어쨌든 나는 결혼 30여 년 동안 오해받는 일은 되도록 피하며 살았다. 귀찮기도 하고 시끄럽기도 해서였다. 그리고 그 질투쟁이 영감탱이는 갔다.

사람은 어느 시대라도 사람과의 만남으로 살아가게 되어 있다. 살아가노라면 좋은 때도 있지만 그렇지 않은 때가 더 많은 것이 우리들의 일생이다. 역경을 넘길 때 진짜 친구가 필요한 것이다.

흔히들 남녀간에는 우정 같은 건 존재할 수 없고 연애, 존경, 아니면 적의는 있지만 우정은 있을 수 없다고 한다. 만약 있다면 그것은 순간이 만들어낸 꽃이며 시간이 연출해낸 열매일 것이라 한다.

내 딸이 유치원 다닐 때 그렇게 친하던 단짝 남자아이가 초등학교 입학과 함께 서먹해지더니 중학생이 되자 본체만체 달아나는 것을 보았다.

왜 남녀간에 우정이라는 것이 지속될 수 없을까.

인간의 삶에 대하여 ≪발경物徑≫에서는 친구를 네 가지로 나누어 말하고 있다.

화우華友 : 어려울 때 등 돌리는 의리없는 친구

칭우稱友 : 친구 몇을 놓고 저울질해서 이로운 쪽으로 재빨리 기울어지는, 특히 샐러리맨들 속에 많은 형

산우山友 : 산행의 리더격인 위엄있는 친구.

지우地友 : 대지와 같이 무엇이든 들어주며 어머니 품과 같은 편안한 친구.

사람은 모든 걸 다 잃었을 때 강해진다고 한다.

남편이 가고 나니 세상이 달라졌다. 아니 세상은 달라지지 않았는데 인심이 달라진 것이다. 해는 여전히 뜨고 지고 아무 일 없었던 양 너무나 냉혹했다. 그것이 억울하고 분해서 밤마

다 울었다. 내게서 모든 것은 다 떠나가고 잃을 것이 더는 없는 것 같았다.

어느 날 정신문화원 Y교수가 나를 보고 말했다. 그는 나에게 '누님, 누님' 하며 남편을 따르던 후배였다.

"정선생님, 이제부터는 여자친구보다 남자가 도울 거에요."

그 말이 무엇을 말하는지 나는 잘 몰랐다. 그 후 15년이나 사는 동안 진리를 깨달았다.

몇 년 전 일 년이면 한두 번 도깨비처럼 야밤에 전화로 문안하던 남편의 악동 같은 옛친구가 어느 날 밤 느닷없이,

"정과부, 뭘 해?"

어떨결에 나는 대답이 궁해서 수화기를 든 채 있었더니,

"달은 저렇게 구슬피 밝은데 벗은 없고…."

하더니 <u>흐드득 흐드득 흐느껴 운다</u>

남편이 갈 무렵 달이 떠도 달이 져도 해 저물어도 청승맞게 서러워하더니 그 꼴이 났나 보다. 아까 같아서는 욕이나 한바가지 퍼부어 버리려고 했는데 그 마음은 곧 사그러졌다.

한 40여 년 전, 갓 결혼한 우리집에 와서 무던히 나를 괴롭혔던 남편의 술친구로 당시 없는 살림에 술내라, 돈내라 속깨나 썩이던 동갑내기 문우이기도 했다. 몇 년 전 딸 결혼식에 그때 애먹인 값이라며 꽤나 거금을 축의금으로 나를 놀라게 했다.

"오래 살고 볼 일이다."

철나지 못하고 죽는 이도 많은 세상에 옛 우정에 보답하려는 마음에 감동하여 나는 울었다.

젊은 애인이 생겼다며 젊어지더니 그 애인이 젊은 제비따라 가버렸다고 엉엉 울며 위로주 사라고 응석도 부렸다. 노망인지 망녕인지 시도 때도 없이 오밤중에 주정 반 푸념 반인 전화 공해를 일으킨다.

"에이, 못난이 바보 같으니라구. 사나이가 오죽 못났으면 애인 뺏길까." 하면서도 밉지 않았다.

옛날을 알아주고 말이 통하는 대상이 있다는 것은 좋은 일이다.

남편이 이새끼, 저새끼 하던 친구인데 어느 사이엔가 나와 농하는 사이로 바뀐 것이다. 무엇보다 관심을 가져준다는 것은 기운나는 일이다. 가끔 내 글을 읽었다며 충고와 칭찬을 주니 기분이 나쁘지 않다.

혼자 잘 살아내는 친구 마누라가 대견해서인지 이따금 남은 살쪄 죽겠다는데 괴기 사준다고 나오라 앙탈이다.

친구! 그래 남편의 벗도 내 친구일 수 있지. 말끝마다 험구하여 '정과부, 정과부'해서 탈이지만 그렇게라도 입방아 찧고 나면 후련해서 체중이 내려갈 것 같으니 좋은 친구다. 지우地友까지는 못돼도 내 남자친구인 셈이다.

그이를 따라갈 겨를이 있어야지

　남편이 건강하다는 점에서 나는 행복하다. 60을 바라보면서도 신경통 한번 앓는 법 없고 걸핏하면 젊은 사람의 멱살을 곧잘 긁어잡으니 아직 자기가 늙지 않은 줄로 착각하는 모양이다 그래서 내가 보기에는 노쇠현상이 뚜렷한데 팔팔한 성미만은 죽지 않아서 원고 청탁이나 출연 교섭이 오면 첫마디에 고분고분히 응하는 적이 없다. 미주알고주알 캐묻다가 꼬치고치 따진 끝에 결국 싸움으로 종말 짓기가 일쑤다. "개자식, 제까짓게……" 입에 붙은 욕설이다. 집안 식구들 중에 딸에게만은 싹싹하고 상냥하지만 그 외엔 도전적이요 적대시다. 그는 노상 입버릇처럼 '좋은 사람 좋아하고, 미운놈 미워하는 재미'에 산다고 하지만 실상 싫어하는 사람하고는 차 한 잔 마시지 않는 눈치다. 가끔 문인, 작가의 부음訃音이 들려와도 생전에 친교가 없었으면 가지를 않는다.

"문상 안 가시오?", "안 가", "고인하고 원수였소?", "초상집은 살아남은 사람들의 사교장이 아니야. 밤새워서〈섯다〉나 하려구야 뭘하러가"

"그래두 고인의 명복을 빌기 위해서는……", "그 사람, 내가 찾아가도 반가와 않을 거야. 살아 있을 때도 데면데면한 사이였으니까."

- 그런가 하면 친하던 분이 세상을 떠난 때는 며칠을 두고 울고불고 술을 퍼 마시고……. 요긴대好·不好가 변덕스럽고 얼룩덜룩하다. 그러나 이것이 그의 정신 건강법인지 모른다.

이 정도에 별로 부작용이 없으나 마음에 드는 애인이라도 생기면 죽고 못 살아서 그야말로 오매 불망寤寐不忘이다. 이럴 때는 가만 버려둬야 망정이지 섣불리 막거나 말리려면 더욱 빗나가서 걷잡을 수 없게 된다. 우리는 부부 싸움을 해도 남들처럼 '칼로 물베기'가 아니다. 사고 방식이 극단적이어서 별거나 이혼에까지 비약한다. 물론 아내로서 참고 견디기가 어렵지만 가만 버려 두면 냉정을 되찾는지 본연의 자세로 돌아온다. 그런데 한 가지 신통한 것은 헤어진 애인과 원수가 되지 않는 점이다.

친구가 돼 버리니 별일 아닌가. 정말로 '좋은 사람 좋아하는 재미'를 톡톡이 보면서 살아가는 것 같다.

자기는 소식小食인 줄 아는데 내가 보기에는 대식가다. 끼니

때는 적게 먹지만 여느 시간엔 무시로 먹고 있기 때문이다.

'남들은 부부가 되면 식성이 비슷해진다던데 당신은 어째서 나를 닮지를 않아?'

어떻게 닮겠는가. 번데기에 미꾸라지, 메추리알에 퀴퀴한 젓갈붙이나 자라고기, 뱀, 개고기……. 후딱하면 〈드라이버〉를 손에 들고 옥상에 올라가 말리느라고 널어놓은 북어 눈알을 도려 빼먹는 식성을 나는 닮을 수가 없다

술은 양주보다 소주를 좋아하니 값이 싸서 다행이다.

취미는 비교적 단조롭다. 레슬링이나 축구 말고는 좋아하는 스포츠가 없고 난초나 매화 아니고는 사랑하는 화초가 없다.

한동안은 개를 무척 사들여서 관리 불충분으로 죽으면 그걸 암매장하느라고 혼난 적이 있는데 나이가 들어가며 동적인 데에서 정적으로 취미가 바뀌어 서화書畵를 좋아하게 된 경향은 오히려 다행이다.

낭비벽이 따를 것이 물론이어서 노후老後를 위한 준비 따위는 전혀 없다.

'즐겁게 살다가 못 살게 되면 자살하면 그만이지.'

이것도 입버릇이다. 누구를 또 거지 과부로까지 만들어 놓을 심산인가 내게는 내조할 겨를이 없었다. 그럴 틈을 주지 않은 게다.

그렇든 남편은 뒤도 돌아보지 않고 가버렸다. 미운 사람도 고운이도 없는 머나먼 곳으로 사라져 갔다.

산다는 것은

　인간은 일함으로써 문명을 쌓아 풍요로운 문화를 얻을 수 있었다.

　산다는 것의 중요한 사실은 일하는 것, 그 일하는 의미나 목적이 혼돈되어 가고 있다는 것은 참으로 위험한 일이다.

　일, 즉 노동이란 무엇인가? 노동 천시의 문화는 현대사회의 큰 전환적 의미를 가진다. 서구 기독교 사회에서 보면 창세기에 아담과 이브가 선악과를 따먹지 말라 한 것을 따먹어 버렸다. 그래서 너는 일생 동안 괴로운 노동으로 땅을 일궈 먹을 것을 얻고 땀과 눈물에 젖은 빵을 먹다가 결국에는 그 땅으로 돌아가리라 저주하여 하나님이 에덴동산에서 쫓아내 버렸다. 그래서 불교에서도 인생을 고해라 하는 모양이다.

　노동을 하지 않으면 안되게 되었다. 말하자면 일하는 것이

신이 인간에게 내린 형벌인 것이다. 가나안 농군학교의 이념이 '일하지 않으면 먹지마라' 한 것은 노동의 신성함과 땀의 대가에 대한 감사와 기도의 의미일 것이다.

노동을 Labour라 한다. '일하다, 노동하다' 그밖에 '고통, 피로'라는 의미도 있다. 그러니까 아주 힘들고 어려운 것이라는 뜻이다. 3D현상 운운하지만 귀족이나 왕족들의 일상생활을 보면 먹기 위한 식량은 노예나 머슴들이 담당했으며 천하고 힘들고 어려운 일들은 노예들이 했다. 당시의 노예제도로 그밖의 사람들은 문화활동 등에 전념하며 즐길 수 있었던 것이다.

이와같은 이야기는 그리스 신화에 등장한다. 프로메테우스가 제우스신에게 반항했기 때문에 평생 일만 할 수밖에 없는 존재가 되었다는 것도 아담과 이브와 비슷한 이야기 설정이라 하겠다. 훗날 프로테스탄티즘 속에서 더욱 중요한 것은 가르침대로만 살려면 자기에게 주어진 일을 천직으로 열심히 일하라. 이것이 신앙의 제일과제라 했다. 따라서 종교 문화부흥의 한 방법으로 자연탐구가 시작되고 발달해 결국은 과학기술의 발달을 유도하여 산업혁명을 일으켰다. 그러니까 종교나 과학은 대립의 관계가 아니라 그 근본은 하나인 것이다. 하나님의 가르침에 따라 열심히 일한 결과 자본이 축척되었고 그로 인해 자본주의가 탄생한 것이다.

그 프로테스탄티즘의 영향 아래 건국된 나라 미국의 기초는 주로 노예 노동의 결과이다. 이러한 노동에 대한 사회적 상황에서 현장 노동자 '블루칼라'와 더러운 일은 하지 않은 '화이트칼라'가 분리되었다. 유교문화권인 한·중·일 중에 일본은 좀 예외라 할 수 있다.

유교는 기독교와 다르게 노동에 대한 언급없이 지배계급이나 상층 지도자를 위한 사상이었기에 지배층의 뜻에 의해 노동가치관이 정해졌다. 한, 중은 기본적으로 문인정치국이어서 과거제도에 의하여 등용되었다.

특히 한국은 문인 중시의 사회여서 고려조, 조선조, 천년이나 내려오며 양반지도체제로 문(동인), 무(서인) 이것이 오늘까지도 한국인의 이상적인 삶의 방향이 되었다. 문인=양반 문화가 오늘의 입시제도와 일류대학 선호로까지 그 맥을 이어온 유교적 잔재이며 직업관에도 영향을 주어 험한 일을 안하려는 데까지 온 것이다.

같은 유교 문화권이면서도 일본은 12세기 중엽부터 귀족지배사회에서 무사계급사회로 카마쿠라 막부(鎌倉幕府)가 성립되고 무사지배체제로 전환된다. 무사들이란 원래 농민들이고 부유층들이 무사로도 두각을 나타낸 것이다. 무사들은 손발 쉴 사이 없이 영토를 다스리는 것이 근본이었기에 노동과 끓을래야 끓을 수 없이 밀착하게 되어 있다.

거기서 탄생한 노동가치관이 한, 중과는 다른 것으로 된 중요한 요인이라 한다. 그것이 세계에 유래가 없는 특이한 노동가치관으로 자리잡아 개미처럼 부지런을 떠는 것이다. 일본의 신화, 전설에 등장하는 신들도 배짜기, 농사짓기 등 일본인들의 노동에 대한 친근감을 보여주고 있다.

일본인들의 평생직장이나 충성스런 근면성은 일에 대한 태도, 신기에 가까운 철저한 책임의식 등에서 볼 수 있다. 일본식 한자에 일 즉 노동勞働은 그들만이 쓰는 한자다. 사람을 움직인다. 즉 '일한다, 노동한다'이고 이것이 일본인들의 노동에 대한 인식이라 할 수 있다. 일본인들은 일을 산다는 것과 연관지었다는 것을 알 수 있다.

어렵고 힘든 일이라도 즐거운 것으로 인지하려는 태도와 생각을 엿볼 수 있다. 그리고 그것에 목적과 의미(종교적으로)를 부여한 것이다. 일본인은 노동을 통하여 인간으로서의 완성을 목표로 한 것이다. 그리고 그 행위를 실현하려는 곳을 직장으로 본 것이다. 여기서 평생고용이라는 말도 나오게 된다.

인간은 일로 인해 무엇인가를 창조하고 그 과정에서 여러 사람들과 그리고 자연과의 관계를 유지한다. 말하자면 그 일은 사는 즐거움이고 목표인 것이다. 유교에서의 사농공상은 일본의 에도江戶 상인, 즉 정인町人들의 상도덕으로 자리自利, 즉 타리他利의 상인정신이 크게 작용한 것이다. 그 정인들 속에 한국인들의 후예들이 많았다는 점도 흥미로운 일이다.

일본 근대화의 성공은 바로 이들의 정신이다. '일본 근대화와 종교윤리'라는 글에 보면 일본의 서민인 일본 농민이나 상인들의 일에 임하는 태도에서 일은 곧 부처님의 가르침을 이땅에 현실적으로 실행함이라 믿고 살아온 사람들을 가리켜 호호인*好好人*이라 했다. 그들은 주인을 위하여 주야로 헌신하던 세대들의 직업관, 근로의욕이 근대화에 큰 몫을 담당한 것이다.

그런데 지금 한국이나 일본은 소비천국, 말하자면 쾌락추구자들의 천국, 투기꾼들이 판치는 나라로 변하고 말았다. 그리고 우리의 전후세대들은 극도의 개인주의가 되어 허리 굽을 정도로 정직하게 묵묵히 일만 하던 세대와는 상반된 가치관을 가진 세대가 이제 주역으로 등장하고 있다.

그것은 근로시간 단축이다. 서양 사람들은 말한다. 일본이나 한국 사람들은 지나치게 일을 많이 한다고, 서양처럼 노동시간을 단축하여 더 쉬고 놀게 하라고 충고 아닌 외압까지 가한다. 허리 펼 수 있는 여가가 생긴다는 것은 환영할 일이다.

레저산업이라는 것은 서양 사람들의 것이었다. 우리들은 의식하지 못하는 사이에 서양문명이 이끄는 근대에서 현대에 이르는 동안에 서양병에 물들어 가고 있다. 노동을 혐오하는 가치관이 여러 현상으로 나타나고 있어 3D현상이라 한다. 원래 우리들의 노동의 가치관이나 윤리는 일하는 가운데 즐거움을 얻어 보람을 얻었던 것이다.

21세기를 향하고 있는 오늘의 우리들의 직업관을 다시 한번 생각해 보아야 한다. 모두가 화이트칼라만 취할 수는 없고 그렇게 되어서도 안된다. 순박한 농민의 호호인적*好好人的*인 일에 대한 사명감 같은 것이 아쉽다. 하나님의 노여움을 사서 일하게 된 인간이 살아 있는 동안 그 노여움을 풀어드리기 위하여 남은 여력을 쓴다면 조금은 탕감이 되지 않겠는가.

산다는 것은 큰일이다. 일이 있다는 것은 구원이다. 하나님을 위한 일은 더욱 큰일이고 구원이 아니겠는가.

孝親은 우리들의 종교

우리가 살아오면서 이상적인 삶으로 인도주의를 첫째로 꼽았던 것은 공자로부터 시작된 유교의 사상으로 성선설性善說이 기본이었다. 성선설의 본체는 인이고 '인仁'자는 사람이 둘이 하나가 됨을 생각하는 화해和解의 정신이 그 근본임을 알 수 있다.

이러한 사상이 탄생하게 된 것은 공자의 아버지가 돌아가신 후 어머니의 헌신적인 교육과 시대적 상황에서 태어난 것이다. 공자는 젊은 날부터 인간의 고뇌를 알게 되었고 그 경험은 훗날 그를 대성大成시킨 거름이 되었다. 인간은 고난을 통해서만 너그러워지고 성취成就의 기쁨을 얻게 되는 것이다. 어머니를 통해서 당시 정치상황이나 인간 생활의 모든 부조리를 알고 이해할 수 있었다. 사대부士大夫였던 아버지를 이어 문치文治

적인 신념을 가지게 되었고 공자사후에 언행록이 집대성된 것이 ≪논어≫로 오늘날에 이르고 있다. 말하자면 문민文民정치의 교과서인 셈이다.

≪논어≫는 성서, 코란과 함께 3대 베스트셀러이지만 성서나 코란과는 달리 일본, 중국, 한국 같은 한문화권에서는 몇천년 동안 그 당시 원문原文 그대로 전해져 오는 특이한 현상을 본다. 특히 인간의 생애를 세대별로 설명한 인생론 같은 것은 너무나 유명하다.

≪논어≫ 위정爲政편 4에 보면 나이 15세에 학문에 뜻을 두고 30에 사상 확립과 견문도 넓혀 40에는 사리판단이 분명해져 혼미함이 없어지고 50에 사명을 자각하게 되고 60에 사물판단이 바르게 되니 70에는 만사 뜻대로 행하여도 도리道理에 어긋나지 않게 된다. 이것은 공자가 나이 들어 자기의 일생을 돌이켜 보며 인격발달과정을 회고하여 기술記述한 것이다. 인간의 연령에 따른 변화를 가르친 이 글은 오랜 역사를 초월한 진리로서 현재의 우리들 삶에도 적용되고 있다.

공자는 일상생활 속에서 모든 일을 덕德으로 다스리기를 주장했다. 법法으로 위반자를 징계하는 형벌이 있지만 그것은 만능萬能의 것이 아니라는 것을 공자는 이미 알고 있었기 때문이다. 예악禮樂을 기본으로 한 수치심에 호소한 도의심으로 형벌의 공포로부터 벗어나게 한 이상적인 정치제언政治提言을 한 것이다. 오늘날과 같은 현실에서는 속효성速效性이 없다고 모두가 외면했던 것이다.

우리들 인간의 정의情意의 세계는 내가 하기 싫은 일을 남에게 시키지 말라 한다. 이것도 공자의 따뜻한 마음의 배려로 나라를 다스림에 있어서도 항상 염두에 두기를 제의했다. 그러나 10여년 간이나 유랑 생활을 하는 가운데 누구도 이 말을 들어주려 하지 않았다. 크게 실망한 공자는 고향으로 내려가 제자들을 가르치는 한편 학문 정리에 힘을 기울였다. 그 결과 태어난 것이 그 유명한 ≪논어≫인 것이다.

공자로부터 시작된 인도주의 사상은 경세제민經世濟民적인 측면과 윤리倫理적 측면을 두루 갖추고 있다.

유교의 가르침 속에 인간관계를 다섯으로 나눈 것을 오륜五倫이라 하고 그 관계 속에 변하지 않는 도덕道德을 오상五常으로 정한 학설은 자사子思 맹자孟子가 만들어 낸 것으로서 중국 독자적인 사상이 되어 오늘에 이르고 있다. 이 모든 것은 오늘날의 사회에서도 인간관계의 축인 것은 두말할 나위 없다.

부자효친, 군신관계에 충忠, 부부 화애和愛, 형제간의 장유유서의 질서, 친구간에 신의 즉 믿음이라 했다. 효孝와 충忠과 유서有序는 종적 관계이고 부부 화애와 신의는 횡적 관계이다. 전자는 봉건적이고 낡은 사상이라고 요즘 멀리 하고 있으나 현대의 조직 사회의 인간관계는 여전히 종적 관계가 주류를 이루고 있다.

인간관계에서 신의가 없다면 어떻게 되겠는가. 시간을 지키는 것도, 하찮은 아이들과의 약속이라도 챙겨주는 것 등 작은 것에서 큰 것까지 우리들이 살고 있는 이 세상은 모두가 인간관계로부터인 것을 부정할 사람은 없다.

이 인간관계에서 중요한 것을 낡은 생각이라고 외면해 버리고 서구 사상이었던 자유민주주의라는 것으로 바꾸어 놓았으나 우리 체질에 맞는 규범도 사상도 철학도 정립하지 못한 채 자유(방임)만을 좋은 것으로 안 오늘의 교육(가정교육, 사회교육, 학교교육)이 문제가 큰 것이다.

우리들의 정신생활에 큰 영향을 준 것은 유교에서 시작한 논어적 인도주의 사상이었다. 우리와 숙적관계였던 일본에 자주 들르는 때가 많아 책방에 가면 ≪논어≫에 관한 책이 너무 많은데 이상할 정도였다.

일본의 서기 285년 응신천왕 16년에 백제의 박사 왕인王仁에 의하여 ≪논어≫를 대하게 되었다. 일본의 ≪고사기≫古事記 (712간)보다 427년이나 앞섰고 ≪일본서기≫보다 435년, 753년에 편찬된 ≪만엽집(萬葉集)≫ 보다 463년이 앞섰으니 제일 오래된 고전이 우리나라 왕인 박사에 의하여 전수되어 위로는 왕에서 아래로는 일반백성들에 이르기까지 국민정신 함양의 거름이 된 것이다.

세태가 아무리 바뀌어도 여전히 ≪논어≫를 가까이 하는 국민하면 일본을 꼽을 수 있을 것 같다. 내 주위의 일본인들은 논어책 한두 권 가지지 않은 사람이 없고 신주석新註釋 고주역

하여 가짓수도 참으로 많은 것을 보았다. 그것은 오늘 현재에 되새기려는 노력의 일환인 것이다.

요즘 우리 아이들은 지적 상식의 과잉시대에 살고 있다. 한쪽으로 치우진 나머지 덕육德育이나 체육体育 교육은 뒷전으로 밀려나고 말았다. 도덕 윤리 같은 의식은 경쟁사회에서 무용지물처럼 인식된 감이 많다. 그래서 인간을 위한 교육과는 거리가 멀어져 가는 것 같다

지육知育 편중으로 건전한 국민이 될 수 없다. 세계 도처에서 치맛바람 날리는 우리 어머니들의 교육열은 맹모의 교육에 뒤지지 않는다. 맹모가 기피했던 상인이나 장의사가 오늘날 생각하면 모두가 직업인으로 당당한 분야인 것이다. 지금은 전체 속의 개인, 집단 속의 개체라는 것이 보다 중요시되고 있다.

사회란 하나만 유리되어서는 움직일 수 없다. 오늘 우리 사회같이 나만 출세하면 그만이라는 생각은 이미 위험수위에 이르렀다. 나 아닌 이웃을 생각하는 사회 그리고 손해 안보는 것보다 손해 좀 보더라도 양보하는 사회 그리고 베푸는 생활…,

몇 년 전부터 이래서는 안되겠다 싶어 극기훈련이니 뭐니 법석이지만 제일 작은 사회구성원인 가정의 어머니로부터 의식의 전환이 있어야 할 것 같다.

우리의 할아버지가, 아버지가 이어왔던 정신적인 토양은 바

로 그분들의 삶이며 생각이었던 까닭에 아무리 어려운 상황에서도 그분들에게 누를 끼치지 않기 위하여 애쓰고 살아왔고 살아가기 위하여 노력할 것을 나는 믿는다.

이 세상 종교가 많지만 부모에게 효孝하자는 효친孝親사상이야말로 동양인들의 최고의 종교가 아니겠는가. 어렵게 공자왈, 맹자왈 보다는 현대적으로 재조명해 생활화하도록 했으면 좋겠다. 그리고 치우치지 않은 신구新舊가 병행하는 사회가 바람직할 것이다.

'한국병'이라는 신조어는 이같은 사고思考 앞에 무색해질 것이며 더는 아무런 문제가 되지 않을 것이다.

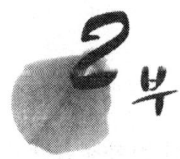

음악싸롱
신발굽 이야기
레몬을 좋아하는 女子
換乘驛
얼굴
쇼핑백
먼지를 털어내며
수필쓰기가 어려워지고 있다
재치와 여유

음악 싸롱

우연한 기회에 음악 감상하는 모임에 다녀왔다. 개인집인데 음향이 너무 좋은 걸 나 같은 문외한도 느낄 수 있어 집 주인의 음악에 대한 사랑을 실감할 수 있었다.

이때까지 고전음악은 딱딱하고 잘 이해할 수 없는 것이라 경원했는데 좋은 기회였다.

지난 해 2006년은 모차르트 탄생 250주년이어서 크게 붐을 이루어 온갖 상품에 그 이름을 달고 불티나듯 팔려 나갔다. 새삼 모차르트라는 이름에 대한 로얄티가 생각났다. 저작권, 판권은 사후 50년인데 하는 좀 현실적인 생각을 하며 혼자 웃었다. 모차르트라는 브랜드가 조국 잘츠부르크에 영원한 부를 유산으로 남긴 것이다.

요즘 수준 높은 음악회에 많은 사람들이 매료되는 걸 보며 차츰 고전음악 매니아들의 수요가 많아진 것 같다.

250년 전 태어나 35세로 생을 마감한 모차르트를 기리는 음악 애호가들의 존재를 확인하며 다시금 고전음악의 세계를 생각하게 되었다. 영화 아마데우스를 보고.

모차르트의 '레퀘엠', 슈벨트의 미완성교향곡은 왜 모두 미완으로 끝났는가. 지금은 중학생이 된 손자를 잠재울 때 자장가 삼아 들려주던 비발디의 '사계', 풋치니의 일본식 오페라 '나비부인' 등 궁금한 게 너무 많다. 어려서부터 천재성을 거침없이 발휘한 모차르트, 천재들에게 기인이 많다 한다. 너무나 일찍 생을 마감한 악성이기에 우리는 그를 더욱 기리는지 모른다.

레퀘엠의 작곡을 의뢰 받은 때의 상황을 음악사는 기록으로 남기고 있다. 분에 넘치는 작곡료와 정체를 밝히지 않고 찾아온 사나이, 말년 신경이 몹시 날카로웠던 모차르트에게 죽음을 알리러 온 저승사자 같았고, 지금 자기가 작곡하고 있는 레퀘엠은 자기자신을 위한 장송곡이 될거라는 강박관념에 사로 잡히며 작곡은 계속 되었고 그 예감은 현실이 되고 말았다. 건강을 잃기 시작한 그가 레퀘엠을 완성 못하고 숨을 거둔 것이다.

1964년 모차르트에게 죽음을 예고하듯 다가왔던 정체 모를 사나이의 실체를 밝힐 수 있는 기록문서가 오스트리아의 지방도시 창고에서 발견된 것이다. 그 곡을 의뢰한 것은 성주인 발잭백작이 스무살의 젊은 나이로 죽은 아내의 일주기에 자기가 작곡한 양 추도객들에게 들려 주려했던 진혼곡으로 피로하려 했던 것이다. 그래서 많은 작곡료를 선불로 지불해 자작곡으로 하려던 계획도 모르는 채 병약했던 자신의 주관적 판단이 죽음을 부른 결과가 되고 말았다. 사후 200년이나 지난 1964년에야 음악비사는 그것을 밝혀낸 것이다.

나는 그 작은 모임에 다녀와서 클래식이라는 것을 다시 생각하게 되었다. 언젠가 읽으며 인상에 남았던, 1974년 일본 강담사에서 나온 음악인들이 편지모음으로 잘츠부르크에서 죽음이 임박해 병마와 싸우고 있는 아버지 레오볼트에게 보낸 편지 서두인데 다음과 같은 내용이다.

– 죽음은 우리들의 삶의 최종목표입니다. 나는 이 몇 년 동안 그 진실된 죽음이라는 친구와 가까이 하며 친해지자, 두렵다기 보다 오히려 큰 위안을 받게 되었습니다. 슬퍼하지 마시기 바랍니다. 아버지 사랑합니다. 안녕히 가십시오. –

죽음을 앞둔 아버지에게 죽음은 우리들 삶의 최종 목표라는 대목이 너무나 특이해서 내 기억에 남아있다. 그래 인생이란 모두 죽음에의 전주곡에 지나지 않지, 20세기의 심리학자들의 사생관보다 몇백년 앞서 그런 생각을 할 수 있었던 모차르트, 그것은 아마 22살 때 어머니와 동행한 파리여행이 아니었을까. 그 파리에서 어머니의 갑작스러운 사망으로 받은 쇼크, 이래서 명곡에 얽힌 사연을 알면 더 흥미롭지 않을까, 우리들 맑은 영혼을 위해 모차르트는 손짓하고 있는 것 같다.

신발굽 이야기

　지난 겨울 눈이 펑펑 오는 어느 날 나는 아이들처럼 기분이 좋았다. 오후부터 내리던 눈이 계속 쌓이더니 제법 온 것 같은데 그칠 줄 모른다. 밤 12시 지나 눈 오는 길을 걷고 싶어서 중무장하고 밖으로 나와 아파트사이 공원길에 들어서는데 저만치 내 앞을 걷고 있던 여자가 쿵 하고 넘어진다. 하얀 눈과 가로등이 조화를 이루어 더욱 싸늘한 느낌이다. 사람이 많이 다니지 않는 길이라 별로 미끄럽지 않을 텐데 하며 가까이 다가가 일으켜 세우는데 청바지 밑에 10센티도 넘어 보이는 굽이 마치 나무토막 같다. 저걸 신고 어떻게 다니지 재주도 좋지… 속으로 측은한 생각을 하며 쳐다보니 젊고 아름다운 여자였다. 키가 커 보이려는 수단일 테지 하면서도 그 자기만의 비밀을 내게 들킨 것이 민망할 것 같아 불쌍해 보였다. 키가 작다는 콤플렉스가 오죽했으면 저렇게 하고 다닐까. 매일같이 신문에는 키 크는 신발, 성장호르몬을 촉진한다는 운동, 키다리가 되었다는 단백질분말 우유 광고가 나간다. 그런데 1945년경 우리 집에서는 나를 볼 때마다 언니들보다 큰 나를 걱정했다.

"저 말만한 체녀 누구 주노" 164센티나 되었는데 60년 지나는 사이 157센티로 줄어든 것이다. 키 커 보이고 싶어 굽 높은 신발 신는데 어떤 사람은 7센티나 준 것이다. 그리고 그 당시는 키 크고 싱겁지 않은 사람 없다고 키 큰 게 흠이었다. 지금 내 신발장에는 굽 높은 신발이 몇 켤레 자리 잡고 있다. 한 십 년 전부터 허리 다리가 아프기 시작하자 그것들은 그림의 떡이 되고 말았다. 철이 바뀔 때마다 정리하다 그래도 아까워서 버리지 못한 것, 내 생전 다시 신어 볼 기회는 이제 없을 것 같다. 현관엔 남자 신 같은 푹신하고 넙적한 것이니 보기 싫어도 나 편하면 그만이다. 춘향전에 나오는 오이씨 같은 버선발은 옛말이 되고 요즘 아이들은 손발이 모두 큰데 신발마저 피에로처럼 큰 걸 신고 다닌다. 뿐만 아니라 서양 사람처럼 큰 키를 선호한다. 어떤 책에서 보았는데, 17세기경 베네치아 여행에서 본 진풍경을 소개한 글이다. 여성들의 신발이야기인데 나무로 만든 체프니란 것으로 극채색으로 장식하고 고급한 것은 금박 입힌 것도 있었다 한다. 그런데 신발굽 높이가 놀랍게도 2,30센티는 보통이고, 50센티였다는 것, 귀부인들의 신발은 굽이 높으면 높을수록 귀한 신분의 상징이어서 한자쯤 되는 신발을 신는 귀부인들은 남녀 시종 시녀들의 부축을 받으며 걷다가 때로는 뒹굴기도, 넘어지기도, 개천에 빠지기도 했다는 것이다. 이런 풍습은 역사적으로 15세기에 이미 있었던 모양이다. 1430년 베네치아정부는 30센티 넘는 체프니를 못 신게 금지령을 내렸으나 2세기 지나서도 금지령은 아랑곳 않고 여성들이 여전히 애용해서 프랑스 스페인까지 유행했다니 여성들의 키 커 보이고 싶은 욕망은 옛날이나 지금이나 변하지 않은 모양이다. 그래서 스커트 길이도 길어졌다 한다. 그 욕구가 지나쳐서 건강이나 자연스러운 자유 같은 것은 생각지도 않은 것 같다. 우리와 가까운 일본도 굽 높은 게다가 있고, 중국은 여자들에게 전족을 시켜 신체적 자유를 억제케 해 뒤뚱거리게 했는데, 우리도 전족의 영향인지 단칸방 뺑뺑 돌면서 신어야 맵씨 난다는 솜버선은 아름다운 여인의 자태로 표현됐다.

어쨌든 신는다는 것은 혼자 자유롭게 신고 벗을 수 있어야 하고 보행할 수 있는 실용성이 우선이다. 걷는다는 것은 신발의 범주를 벗어나 행위인 것이다. 키 커지고 싶어 하는 욕구가 현재의 하이힐이 된 것이다. 오늘밤 눈길에서 넘어진 젊은 여자의 청바지 밑 10센티 넘는 구두 굽을 보고 놀라 언젠가 재미있게 읽었던 걸 기억해 냈다. 그 옛날처럼 시중드는 여종 남종들이 없는 현대여성들은 그래서 남자들에게 안기듯 붙어 다니고 있는지 알 수 없지만, 그들의 걸음걸이를 보며 서양 사람들은 차밍하고, 섹스어필이라 한다. 남자들은 동·서양을 막론하고 여자들이 힘들게 걷고 있는 걸 보며 즐기는 악취미를 가지는 모양이다.

국토가 물에 잠기는 화란 같은데 나막신은 몰라도 굽 높은 것을 신고 곡예하듯 걷는 그 마음이 가엾다. 그러나 우선 그들의 건강이 걱정이다. 늘씬한 외모도 중요하지만 인간의 정신적인 내면이 충실해야 하지 않을까. 외모중시 사회가 빚어낸 웃지 못할 현장을 보았다. 이제 남의 걱정할 게 아니라 내 신발장에 굽 높은 신발을 정리할 때가 됐다.

그 까짓 신발이 문제인가, 다 버리고 갈 일만 남았는데….

레몬을 좋아하는 女子

 어제 학교에 갔더니 조교가 며칠 전 만들었다며 레몬차를 따끈하게 내놓는다. 언제나 커피포트에 물이 빨리 끓지 않는다며 시간에 쫓겨 내놓는 커피는 맛이 없었는데 오늘 아침은 노란빛도 곱고 맛도 새콤달콤해서 산뜻했다. 그래서인지 요즘 아침커피를 마시던 버릇이 차츰 홍차로 바뀌고 있다.

 가스불에 올려놓은 물주전자에서 푸 푸- 소리가 나도록 끓기 시작하면 홍차 한 스푼을 넣고 잠시 있다가 모락모락 피어오르는 향기를 마시며 찻잔에 따른다. 밝은 다갈색 액체가 잔 밑에서부터 차곡차곡 쌓여지듯 포개지는 것을 느긋이 지켜본다.

 참 따뜻한 빛깔이다. 이때쯤 홍차는 제일 좋은 향을 내며 매료시킨다. 설탕도, 우유도, 레몬도 없이 마시는 게 좋다. 예전 같으면 커피가 없는 아침은 상상도 못했다. 조금은 떫은 것 같은 맛도 향기도 커피보다 담담하게 혀끝에 스민다. 겨울 두터운 모직커튼 사이로 스며드는 햇살 같은 산뜻함이 더욱 마음에 든다. 땅속 깊이 잦아들 듯이 차분해지려 한다. 빵 한 조각 곁들이면서 신문이라도 펼쳐든다면 하루중 정말로 오붓한 나만의 시간이 된다.

다 마시고 난 빈잔 속에 아직도 남아 있는 홍차의 잔향殘香이 나를 진정시키며 여운으로 흐른다. 겨울 움츠리는 계절에 눈이라도 펑펑 쏟아진다면 다향茶香이 더욱 진하게 느껴진다.

여기저기서 차선물을 받을 때가 많다. 그런데 얼마 전 일본의 에세이스트 고다니小谷瑞穗子에게서 받은 홍차는 아주 고급품인지 포장이 너무나 근사하다. 아침 저녁 오전 오후 마시라는 설명과 함께 따로따로였다. 뜯어보니 담겨진 그릇도 재미있어 당장 시음해 보기로 했다. 포장 속엔 친절하게도 끓이는 법을 설명하고 자기도 친구의 권유로 애용하고 있다는 메모가 들어 있었다.

호기심을 자극시켜 마셔보고 싶었다. 아침에 마시라는 것을 시키는 대로 팔팔 끓는 물에 차를 넣고 한 김 나간 후에 따라보니 아침의 산뜻한 시작처럼 해맑은 빛이 너무나 얌전하다.

처음에는 레몬도 설탕도 양주도 한 방울 따라서 마셨다. 또 남편이 하던 대로 우유나 프림을 넣어도 보았다, 모두가 그런대로 운치가 있었다. 그런데 블랙커피가 간혹 생각나듯이 아무엇도 넣지 않은 호박빛 홍차가 생각났다. 해보니 얼마나 근사한지 새로운 발견이라도 한 듯 기뻤다.

지난 주 학생들이 제주도 여행을 떠나 나는 며칠 쉴 수 있었다. 다녀와서 살며시 내민 파인애플 선물을 받아든 순간 제주 탐라바람과 함께 내 마음마저 싱그러움으로 넘쳤다. 집에 와 껍질을 벗기고 저며서 설탕에 재워 냉장고에 넣고 강의에 쫓겨 잊어버렸다. 어제 목이 텁텁해 열어보니 알맞게 되어 있었다. 뚜껑을 여는 순간 코를 스치는 그 향기 싱싱하고 풋풋함을 딸에게 자랑하며 권했다. 맛도 향도 좋지만 그들의 마음이 나를 이렇게 기쁘게 했나 보다.

몇 년 전 여름 일본 아사쿠사에서 친구를 만났더니 가와바다川端康成(1899~1972)가 잘 다녔다는 작은 빠로 나를 안내했다. 땀을 뻘뻘 흘리며 들어선 손님에게 내놓은 레몬!

지금도 잊을 수가 없다.

그 후 나는 가끔 집에 오는 손님에게 이 방법을 썼더니 모두들 좋아했다. 그 덕에 나는 점수를 톡톡히 땄다. 유리 접시에 잘게 부순 얼음을 깔고 서양 레이스처럼 얇게 썬 레몬을 그 위에 동그랗게 펴 얹어낸다. 한가운데 달콤한 꿀이나 설탕을 작은 종지에 곁들이고 이쑤시게 몇 개 준비하면 된다. 차디찬 레몬 한 잎을 꿀에 살짝 찍어 텁텁한 입속에 넣는 맛이란….

또 들어서자마자 내놓은 따끈한 물수건이 정말 개운해서 생기가 돋는다. 이국적異國的인, 레이스보다 더 얇게 저민 레몬에 감탄하고 있는데 나를 안내한 고다니는 이 집 마담의 자상하고 알뜰한 마음씨에 반해 글쟁이 단골이 많다고 한다.

가와바다의 단편短篇 〈레몬을 좋아하는 女子〉의 산실産室이 여기였구나 하니 더욱 더 의미있어 보인다. 가와바다라는 작가의 취향을 알 것만 같다.

일본인형 같은 느낌의 여주인은 외모보다 그 마음이 아까울 정도로 알뜰하고 살뜰하다. 거들어주는 사람이라고는 소녀 하나와 앳된 소년 같은 바텐더뿐이다. 오밀조밀 아기자기한 구석에 바래버린 빛깔처럼 오랜 시간을 지켜온 역사가 역력하다.

어쨌든 작고 섬세한 것은 아름답다라는 말이 꼭 맞는 일본인들이다.

새콤달콤한 파인애플이나 레몬이나 유자나 다 제각기 다른 맛이 나지만, 그것은 모두 내 가슴 속에 사랑의 맛으로 언제까지나 은은하게 남을 것이다.

換乘驛

 어제 친척집에 문병갈 일이 있어 전철을 탔다가 환승역을 놓치고 말았다. 집이 멀어서 차창 밖을 넋을 잃고 바라보다 졸았던 모양이다. 충무로에서 갈아타야 되는데 약수동까지 가 버려 허둥지둥 내리며 화도 나고 창피하기도 했다.

 얼마 전 신학기가 시작됐을 때 아침 7시 30분 기차를 타고 천안으로 가며 평택까지도 괜찮았는데 깜박 조는 바람에 그만 조치원까지 가버려 상행선을 기다리며 1, 2교시는 빼먹고 3교시부터 수업을 해서 낭패를 한 적도 있다.

 나이탓인가 보다. 이 말은 정말 싫지만 실수 연발이다. 나 자신이 미워지다 못해 정 떨어질 지경이다. 다시 내려 갈아탈 충무로까지 오면서 무슨 해결방법이 없을까 생각했다.

 내가 일산으로 들어온 지 3년, 손주아이들과 합치면서 글

한 줄 쓸 수 없게 되었다. 혼자 사는데 길들여졌다가 합치니 일도 많고 적응하기까지 한참 걸렸다. 원래 글 한줄 쓰려면 어지간이나 뜸들이는 편이어서 더더욱 글쓰는 일이 뜸해지고 말았다.

내깐에는 열심히 메모도 하고 구상도 하는 편인데도 마감에 대기가 빠듯하다. 그전에는 꽤나 부지런히 썼는데 요즘은 도무지 능률이 오르지 않으니 나이탓이나 손주 녀석들 때문에 부산해서라 핑계삼아 보았지만 그탓만은 아닌 성싶다.

사람이 낡아서 인생의 환승역에 온 모양이다. 이대로는 안 되고 갈아타야 할 필요가 생긴 것이다. 무슨 처방이 있어야 할 것 같다. 느긋하게, 초조하지 말자. 이때까지 보다 또다른 방법으로 말이다. 놓쳐버려 갈아탔지만 정신적으로 갈아타려 하고 있으니 됐다고 자위해 본다.

인생이란 전차는 정말 환승할 데가 많은 여행인지도 모른다. 요즘들어 자주 그런저런 생각을 한다. 이때까지는 건강했는데 그리고 글도 많이 썼는데 여행도 잘했는데 그런데 예전같지가 않다. 만나는 사람마다 인사가 '건강하십니다' 듣기가 별로 좋지 않다. 나는 아직 괜찮은데 괜한 걱정들이야 하는 생각에서다. 건강, 정말 중요한 문제이다. 자꾸 왜 이럴까, 왜 이럴까 머리를 절레절레 흔들어 본다, 좀 있으면 괜찮을 거라 자신을 믿어보지만 그게 아니다.

내가 타고 온 인생이라는 전차로는 이제 안된다는 것이다.

갈아타세요, 갈아타지 않으면 큰일 난다는 경고신호가 내 귀를 울리고 있는데 내가 미처 깨닫지 못한 것 같다. 왜 이럴까가 아니다. 이유있어서다. 갈아타며 갈아타며 종점까지 가는 것이 우리들의 일생인 것을 왜 몰랐던가. 곱던 미모도 번쩍이던 재치도 그런 것일수록 더욱더 빨리 환승하게 마련이다.

환승역을 놓쳤다고는 하지만 이제 갈아타야 된다는 것을 알았으니 해결방법이 있을 듯 싶다. 컴퓨터가 나오면서 아들, 딸, 며느리와도 대화가 없어져 가는데 손주녀석마저 꼬부랑말로 하자니 내가 갈아타서라도 날라서야지. 컴퓨터도 팩스도 복사도 다 준비했는데 왜 능률이 오르지 않을까.

부부 함께 갈아타지 않고 같이 종점까지 갈 수만 있다면 좋으련만 그럴 수 있는가. 기적이지. 혼자 갈아탄 전차 안에서 먼 산바라기하다 환승역을 놓치는 일이 많아졌다.

기차 타고 차창에 펼쳐지는 자연에 팔려 조금은 멍할 때쯤 (약간은 졸음이 오려 할 때) "다음은 안양, 안산방면으로 가시는 손님은 0번 창구로 나가 갈아타십시요" 하는 차내 멘트에 후닥닥 정신이 나는 것이다.

내 인생에 있어 정년이라는 환승역이 왔다는 신호인 것이다. 이제부터는 우물쭈물하지 말고 갈아탈 줄 알아야 할 것 같다. 아들 딸 시집장가 보냈을 때도 환승했다고 생각하면 될 것을 언제까지나 이 걱정, 저 걱정하는 것이 탈이다. 제각기 짝찾아 잘들 살아가고 있지 않은가. 사랑이나 젊음이나 영광을 잃었을 때 물질적 욕망을 잃었을 때 재빨리 환승해야 함은 물론이다.

우리집 다섯 살 난 손주녀석이 며칠 전 제 친가 할아버지가 손주 보고 싶은 마음에 전화를 걸어주셨는데 제 아비가 바꿔주려니까 피코에 정신이 팔려 받으려 않다가 겨우 받고 나서 한다는 소리가 "할아버지, 나 지금 바빠요. 피코하거든요" 하고 수화기를 놓고 말았다. 한참 신나는데 방해가 됐다는 표정이다. 그 사이 동생이 무엇을 건드렸는지 "할아버지 때문이야" 하고 투정이다.

어떤 책에 보니까 人生六訓이란 지침이 있는데 사랑하는 마음, 순수한 마음, 반성하는 마음, 감사하는 마음, 도전하는 마음, 창조하는 마음이라 했다.

이제 우리 정년세대는 사랑, 순수, 반성, 감사하는 마음은 기본으로 몸에 배었을 테니 문제없고 도전과 창조하는 용기를 잃지 않고 환승역을 잘 알아 갈아타야 한다. 환승역을 놓치고 나면 다시 돌아와 갈아탈 시간적 여유가 없다. 전차를 잘못 탔으면 주저말고 전차표나 잘 챙겨 반대편에서 갈아타고 목적지까지 가면 되는 것이다.

이런저런 생각을 하다 충무로에서 갈아탄 전차는 목적지에 닿았다. 환승역을 놓치고 허둥대는 모습은 보기 좋은 건 아니다. 늙음이란 꿈(창조, 도전)을 잃었을 때 성큼 다가오는 것이다. 내 인생도 이제 환승역에서 적당히 갈아탈 때가 된 것이다.

얼굴

어느 벼룩시장을 지나다가 민화를 보게 되었다.

거기에 아무렇게나 먼지투성이인 채 걸려 있는 호랑이아저씨는 어쩌면 그리도 마음씨 좋은 농부처럼 순박해 보이는지 다가가 길이라도 묻고 싶어진다. 그래서 값비싼 명인의 그림보다 민화를 좋아하게 되었는지 모른다.

가끔 밤잠을 설치다 일어나 부스스한 얼굴을 거울 속에 비쳐보면 그 속엔 오빠의 얼굴도, 반세기 전 헤어질 수밖에 없었던 부모님 모습도, 더 먼 할머니, 할아버지의 면모도 있는 것을 확인할 때가 있다. 아직 젊다고 버티는 마음이 있기에 너무 낡아빠진 자신에 놀라 꺼지도록 실망한다.

내 얼굴은 내 사유思惟의 전부이고 지나온 역사의 흔적이다. 애써 분장해도 소용없는 이율배반二律背反의 보이는 나와 보이지 않는 심성(心性)이라는 것이 고스란히 담겨져 있기 때문이다.

허름한 민화 속에 우리들의 정감어린 이야기가 있고 텁텁함이 배어 있어 정말 좋다. 호랑이는 용맹한 맹수의 기상이면서 표정은 어수룩해 한국인의 심성이 잘 나타나 있다. 어릴 때 외갓집 다락문에 여러 모양으로 그려져 있는 호랑이 그림을 보며 무섭다기보다 친해지게 되었는지 모른다.

40을 넘으면 제 얼굴에 책임을 지라고 한다. 나이만큼 지나온 과정이 나타나 곱게 늙은 사람을 보면 경의를 표할 만큼 부러웁게 보인다.

얼굴은 숨김없이 마음의 거울이다.

수상, 관상을 본다.

얼굴의 생김새나 느낌을 통해 신수를 점치는 방법이다.

20대, 30대, 40대, 50대로 우리들의 얼굴이 변해간다. 산전수전 다 겪는 사이 원바탕이야 달라질까마는 세월따라 모진 풍파 이겨내며 바뀌어간다. 오랜 고생테가 훈장처럼 주름지며 늙어가지만 때로는 곱고 단아하게 너그러워 보이면 너무 좋고 부럽다.

중앙박물관 반가여래상 앞에 서면 무언지 모를 힘에 의하여 압도되고 만다. 루브르박물관 모나리자상 앞에 줄서는 것과는 또 다른 느낌을 가지는 것은 내가 한국인이기 때문일까.

불상을 보면 인간적인 것과 그렇지 않은 것을 동시에 느끼게 된다. 우리의 얼굴에서도 내면적인 얼굴과 외면적인 물리적 형상으로서의 얼굴을 볼 수 있듯이 말이다.

불상이 인간을 닮은 것이 아니라 깨끗한 마음을 가지고 있는 인간을 우리 모두가 바라기 때문에 인간을 본뜬 것으로 보이는 것이리라. 우리가 본래 가지고 태어난 마음은 부처님이나 하나님이나 성모님의 마음과 통한다고 한다. 그 순수한 깨끗함을 모두가 원하기에 우리는 불상 같은 데서 그것을 각자의 상황에 따라 받아들이려는 것이다

현상적인 불상 속에는 초인적인 아름다움을 남고 있어서 우리는 그 힘에 이끌려 빠져 버린다. 우리 같은 인간의 사욕스러운 번뇌를 초월한 평안함이 거기에 있는 것이다. 인간적이라 함은 고뇌에서 미처 벗어나지 못한 상태를 말한다. 그렇기 때문에 불상은 모든 이에게 제가끔 다른 상황으로 다가오는 것이다.

인간이라는 것을 벗어난 조형이라면 간단하고 쉬울 것 같지만 그렇지 않은데 마음이 끌린다. 아이들이 좋아하는 만화 속에 슈퍼맨이나 괴물은 아무리 잘 그린다 해도 그저 그림일 뿐이다.

불화에 나오는 귀신이나 괴기한 것은 괴물이 아니다. 그것들은 모두가 하나의 의무와 사상을 지니고 있다. 요즘 아이들이 즐겨보는 괴물만화에서 괴로움이나 사상 같은 것은 그다지 큰 비중을 두지 않는 것 같다.

천 개의 눈, 천개의 손 그리고 그 손톱 끝마다 눈이 달려

있는 형상, 얼마나 무서운 것이고 작용일까 상상만 해도 끔찍하다. 외국인들은 소리라도 지를 것이다. 괴기한 것은 그것들이 아니라 우리의 괴로움이나 소원을 석가는 그러한 모습으로 표출해서 사바세계의 신음소리로 표현했을 뿐이다. 그러니까 불상은 괴기한 것도 우상도 아닐 뿐 만 아니라 우리들의 참모습을 바라볼 수 있게 한 것이다.

천수천안의 손은 구제자의 손일텐데 괴로움에 신음하는 민중의 손처럼 보일 때가 있다.

왜 그렇게 보일까?

우리 사회의 모순 때문일까?

무수히 많은 사람들의 외침이 그 손의 표정으로 나타나 보인다. 그렇다면 그것은 인간의 고난의 상징이란 말인가.

우리는 제각기 자기가 처한 상황에 따라서 여러 가지로 나타나 보이는 심안心眼을 가지고 있다.

어느 때 일이 잘 풀리지 않을 때 손바닥을 무심히 들여다본다. 일본의 시인 이시가와石川啄木는 그의 시에서 절대 빈곤을 탄식하여 '일해도 일해도 내 삶 편할 날 없구나 손을 지긋이 들여다본다'라고 했다. 5·7조調의 자조적 원망의 시다.

우리들도 때로는 헤어날 수 없는 좌절에 얼마나 낙망하며 자학하는가. 이러한 과정을 거치는 사이 우리들의 얼굴에는 주름이 지고 마음에는 구름이 끼게 된다. 나이들어 추하게 보이는 얼굴에서 살아온 험난한 과정을 짐작하게 된다.

정말 곱게 늙어간다는 것은 행복이다. 그러나 그것이 어찌 하루아침에 욕심낸다고 되는 일이겠는가. 사람이 살아가는 일은 마음에 있고 그 마음은 행함에 있어 그것은 곧 얼굴에 훈장처럼 남게 되는 것이다.

얼굴은 감출 수 없는, 집에 있어 현관 같은 것이어서 대인관계의 첫관문이다.

얼굴은 보이지 않는 마음의 거울이다. 원망과 욕심이 가시지 않는 얼굴이 있는가 하면 고통을 뛰어넘은 환희의 얼굴이 있고 기쁨과 감사의 얼굴도 있다.

반가여래상이나 성모상의 평온한 얼굴을 우리는 원하지만 그것은 나 같은 위인에게 될 법이나 한 일인가. 그러나 골깊은 주름살에서 풍기는 또 다른 품격이 묻어날 수만 있다면 다행이다. 눈으로 보이는 나와 눈으로 보이지 않는 느낌으로의 내가 민화 속에서 호랑이처럼 편안한 이웃으로 남을 수만 있다면 말이다.

나이들면 나이값을 하라 한다.

지금의 내 얼굴엔 어머니, 할머니의 삶의 모습도 함께 있는 우리 집안의 역사인 것을…. 언젠가 먼 훗날 내 얼굴이 내 딸의, 아들의 얼굴로 이어질 것을 생각하니 정말 아무렇게나 행동할 수 없는 것을 다시금 깨닫게 된다.

우리 모두 자신의 얼굴에 책임을 질 수 있으려는지….

쇼핑백

 백화점이나 슈퍼, 시장에서 비닐봉지, 포백, 아닷슈케이스, 손가방, 각종포장 등 운반용구가 개발되는 과정에서 옛날부터 우리와 가깝던 보자기의 소용은 명절 때마다 선물 싸나르는데 쓰이고 있을 정도다.

 핸드백 속에 접어 넣고 다닐 수 있어 좋고 크기에 따라서는 아주 큰 포장운반까지 할 수 있다. 말하자면 용적의 신축성에 따라서는 얼마든지 활용할 수 있는 것이다.

 우리만큼 보자기를 애용한 민족도 드물 것 같다. 슬라브 민족은 머리에 쓰는 스카프로 오늘날은 마후라 아스코트타이로 멋을 내는 도구로 쓰인다.

 보자기가 옷이 되는 남방계나 북방계의 머릿보(조바우), 인도의 터번인데 외국에서는 장식용 보온용 말고는 잘 쓰지 않는 모양이다.

그것은 손재주와 관계가 있는 것 같다. 외국인은 보자기를 생활에 활용할 줄 모르는지 필요를 느끼지 못하는지 잘 모르겠다. 생활 속에서 보자기처럼 접는 것으로 용적을 달리하는 것이 많다.

병풍, 가리개, 부채, 블라인드 커튼, 양복과 한복의 차이는 형태에 있고 크게 다른 점은 양복은 옷걸이에 걸어서 입체적인데 비해 한복은 접거나 개어서 평면으로 간수하는 점이다.

아침 침대에서 쏙 빠져 나오면 되는 현대생활 양식과 온돌에 이부자리 깔고 자고 나면 이불장에 넣어 잠자리를 타인에게 공개하려 하지 않는다.

생활방식의 차이는 동서양이 현저히 다르다. 얼마전 손주녀석에게 가르치려고 종이접기 교실에 나갔더니 가짓수가 많은데 우선 놀랐다.

우리가 어릴 때는 종이접기가 몇 가지뿐이었는데 요즘은 한 장으로 못 만드는 것이 없다.

가위, 풀, 칼, 자가 없어도 꽃이나 동물, 비행기 등을 만들 수 있다.

종이접기의 재미는 그 조형성에 있음은 물론이지만 싫증이 나면 언제든지 원상태로 펴서 다른 것을 만들 수 있어 좋다.

형태를 느슨하게 한다든지 불필요한 곳을 접거나 빼버리지 않으면 용적을 바꿀 수 없는 외국의 종이인형에 비한다면 우리

것은 자유자재여서 편리하다. 이불을 개다, 옷을 개다, 문을 접다, 종이를 접다, 모두가 축소 지향이다.

가까운 일본은 더 다양하게 생활공간에 도입해 쓰고 있다. 주공간이 좁아지면서 접고 개는 정리정돈의 지혜를 발휘하여 침대를 접다. 의자를 접다, 자전거를 접다, 집도 접어버리려는 일본은 이제 접는다는 것에는 극한점에 와 버렸다. 그들은 접어서 수납할 수 있는가를 염두에 두고 모든 것을 만들어 온 것이다.

접고 개는 것은 새 공간을 확보해내려는 공간감각의 연출이다. 이부자리를 개다, 의자를 접다, 침대를 소파로 양면 활용의 지혜를 발휘한다. 즉 입체가 평면으로 바뀌는 변신감각은 동양인들의 평면화의 발로인 것이다.

좌식생활과 입식생활의 차이와 용병의 예가 주변에 많이 있다.

병풍이나 부채는 입체적인 것 같지만 평면인 특수한 예이다.

아이들이 좋아하는 오징어, 쥐포, 어른들의 숙취에 좋다는 북어, 육포, 어포류가 세계에서 제일 많은 나라가 우리나라이다.

김, 육과, 과줄, 편 등 식문화에도 많다. 이러한 것은 아마 종이문화 발달과 관계가 있지 않을까. 종이에 대한 신앙심, 그것을 신성시한 데서부터 얇게 접는 의식이 뿌리 내린 것 같다.

요즘 젊은이들은 보자기보다 종이 팩을 애용한다. 이불 개어 얹던 시대는 가고 침대를 선호하게 되면서 보자기 쓰는 걸 보기 어렵다.

얼마전 비닐 빽 공해 문제로 신문 방송이 떠들썩했다.

그후로 나는 핸드백 속에 보자기 하나 넣고 다닌다. 1·4후퇴 때 비상금으로 배에 전대錢帶를 채워주신 것도 어머니의 보자기요. 1940년경 학생들의 가방은 도시 아이들 빼고는 모두 보자기였다가 등에 메는 란도셀, 손가방, 오늘의 색 (륙색)으로 발전했다. 아무리 가난해도 어머니의 사랑이 담긴 도시락 보자기는 까마득한 옛 전설처럼 우리들의 가슴속에 꺼지지 않는 사랑으로 남아 있다.

보자기 그 많은 쓰임새.

조선조 여인들을 보쌈해 가는데 쓰였고 혼인 때 사주단자, 예단, 폐백, 함보자기, 쓰다 남은 헝겊으로 한 올 한 올 결맞추어 조각을 이어쓰던 알뜰함, 색상과 쓰임새, 박물관 진열대에 가면 고풍스러운 솜씨가 빛바랜 필름처럼 다정하다.

그뿐인가. 우리들의 식문화엔 또 얼마나 많이 활용되었던가, 여름에 먹는 쌈, 겨울엔 정갈한 밥상에서 사랑 받던 보쌈 김치, 가정에서 음식집에서 손쉽게 싸 먹는 상추, 깻잎, 콩잎, 배추, 호박잎에 육류, 어류회에 곁들인 된장 고추장은 건강식으로 좋은 먹거리이다. 공해로 찌들어 가는 현실 앞에 우리의 건강을 지켜주는 마지막 교두보가 이런 것이다.

어느 해 교또역에서 일본친구가 전송나와 "도시락이에요" 하며 건네준 예쁜 보자기.

지금도 그 보자기의 따뜻한 사랑을 잊지 못해 생각만 해도 따뜻해진다. 온기가 전해지는 보자기를 받아들고 나는 기차에 올랐다. 한참 지나 시장기가 들 무렵 나와 대각선으로 비스듬히 앉은 파란 눈의 일행이 바스켓을 열고 점심준비를 하고 있다.

와인을 따르고 빵, 치즈, 햄을 자르며 부산하다. 나도 아까 친구가 준 보자기를 무릎에 얹어놓고 풀었더니 간단한 식사와 과일까지 곁들인 알뜰한 정성에 가슴이 뭉클하도록 감격했다.

하나하나 음미하며 먹고 나니 보자기만 달랑 남았다. 접어 가방 속에 넣으며 추우면 마후라로 비가 오면 머리수건으로 들가방이 필요하면 물건도 쌀 수 있으니 얼마나 좋은가 하고 생각했다.

요즘 청문회 시즌이 지났지만 분홍빛보자기 뭉치가 볼만 하다. 저 많은 것을 누가 다 본다는 말인가 한심스러운 생각이 든다. 정부청사나 세무비리조사 무슨 위원회 입찰 등 서류뭉치가 많은 때는 으레히 보자기가 등장했는데 요즘은 라면상자로 바뀌었다.

왜 보자기를 사용할까. 하도 불신하는 시대여서 모든 시선이 집중된 가방 속에서 서류를 꺼내면 또 무엇인가 안에 감추어 둔 것 같은 의심을 받을까 봐 보자기를 쓴다는 이야기다.

보자기는 펼쳐놓기만 하면 그만이다. 속 뒤집어 보이려는 걱정도 없고 한점 의혹도 없이 다 털어놓은 결과가 되기 때문이다. 내 어린 날에는 언니들이 시집갈 준비로 경대보, 이불보, 횃대보, 상보, 책상보를 수놓는 것을 보았다.

이것들은 분장적 요소가 많아서 감추기보다는 장식용이었다.

명절 때가 되면 백화점 상호가 인쇄된 선물보자기가 등장한다. 국회의원이나 결혼기념 행사에 보자기가 쓰이기도 하는데 이것은 홍보효과를 노리는 경우다.

일본은 보자기를 후로시끼風呂敷라 하는데 옛날 다이묘大名衆가 목욕할 때 자기 집안의 문양을 새긴 보자기에 옷을 벗어 놓고 들어갔다가 다 씻고 나와 그 보자기 위에 앉아 휴식한데서 후로시끼風呂敷라 했다는 것이다.

그 깔개가 접는 것이 되어 상인들이 자기 물건을 포장하여 운반하는데 사용한 것이 그들의 보자기의 유래라 한다.

내가 1943년 여학생일 때 남학생들한테서 '보랏빛 보자기'란 별명으로 불렀던 아름다운 시설도 있었다.

어제 백화점 슈퍼에서 몇 가지 사들고 나와 계산대에서 계산하는 사이 나는 핸드백 속에서 쇼핑백 대신 보자기를 꺼내놓으니까 신기한 듯 줄 서있던 사람들이 일제히 나를 쳐다본다.

우리가 예전에 쓰던 운반수단을 몰라보는 바람에 서운했다.

먼저를 털어내며

혼자 사는데도 먼지는 왜 그리 많은지, 나갔다 올 때마다 털어 내도 책상 위에 손을 대면 뽀얗다. 먼지 들어오는 게 무서워 창문을 닫고 살다가 너무 더워 어쩔 수 없이 열었더니 닦아도 닦아도 먼지다. 강단에 설 때부터 생긴 알레르기성 후두염으로 고생하며 먼지 바람 때문에 걸레를 들고 산다. 이제 그런대로 대충 살아야지 하면서 그래도 신경 쓰인다.

보봐르는, 소제掃除라는 것은 허무와의 무한한 전쟁이라고 했다. 초등학교 때 벌로 변소청소를 코 막고 엉덩이 뒤로 빼며 꾀 부렸던 기억은 누구에게나 있을 것이다. 쓸고 닦고 털고 끝없는 노력을 요하는 것이 소제다. 그렇지만 깨끗이 치우고 난 다음에 느끼는 산뜻함은 달성감각의 만족으로 얻어지는 흐뭇함이다.

우리집 큰올케가 하도 쓸고 닦고 하니까 딸들이 우스갯소리로 엄마 돌아가시면 무덤에 걸레와 빗자루 넣어 드릴게 했다. 너무 털면 복이 다 나가버린다는 말도 있다. 깔끔이 지나쳐 결벽에 이르면 병이라 경계하는 말이었다. 하기야 땀 흘려 치우고 나서 차 한 잔 마실 때의 기분은 정말 좋다.

집에 오면 신발 벗고 들어오게 되어 있는 것이 우리들의 집이다. 이것을 공간질서라 한다. 소제할 때도 안에서 밖을 향해 쓸어낸다. 이것은 안쪽은 경외한 곳이라는 뜻이다. 안방 내실 안채 안주인 안사람도 여기에 근거한 것 같다. 집 안쪽에 대하여서는 대단히 신경쓰시만 밖에는 그다지 큰 관심을 기울이지 않는다.

베란다에 빨래 널거나 오줌 싼 아이 요 말려도 야단치지 않는 게 보통인데 고급 아파트에서는 부녀회가 못하도록 주의를 준다.

아침마다 산책하느라 여기저기 걷다보면 참 아름다운 정원을 볼 수 있어 즐겁다. 이제는 어느 모퉁이 지나면 기대까지 하게 되었으니 우리들의 의식도 많이 달라지고 있다. 생활의 여유에선지 정원 가꾸기에 경쟁이 붙은 것 같다.

미국에서는 정원의 풀을 깎지 않아도 벌금을 낸다고 한다. 좋은 환경은 혼자서 되는 게 아닌 것이다. 서구를 여행하다 보면 베란다에 꽃이 너무 아름답다. 그들의 세련된 안목에 감탄할 때가 많다. 몇 해 전 바이칼호를 돌아보고 성당가는 길에

다 낡은 농가 창마다 꽃 몇 송이 있어 우중충함을 덜어주고 있었다, 비록 가난하지만 농촌 아낙들의 사랑의 마음을 본 것 같아 기뻤다. 독일 사는 친구의 말에 의하면 베란다에 빨래를 널고 20분도 채 안됐는데 득달같이 달려와 경고한단다. 주부들은 베란다의 미관을 해치지 않도록 신경을 쓴다니 그들의 숨은 노력의 결과이다.

내 것이 우선이 아니라 남과 우리를 배려한다는 것이 얼마나 아름다운 마음인가. 그들의 성숙한 문화의식과 그리고 멋을 아는 감각이 부럽다.

우리 같으면 제 집구석 어떻게 하건 대문 닫아 걸면 그만이라 하겠지만 의식의 문제이며 문화성인 것이다.

마루나 안방이 아른거릴 정도로 닦는 것은 신발 벗고 들어오기 때문이라 하자, 이젠 밖을 가꾸어 나 아닌 타인에 대한 배려도 좀 할 여유를 가졌으면 좋겠다.

같은 동양권이라도 중국은 서구와 마찬가지로 입식 생활이어서 우리와는 다르다. 우리는 대문만 걸어 잠그면 누구도 넘볼 수 없는 공간이 된다. 그래서 대문이 크다. 일본의 대문은 아주 개방적이어서 낮고 작아서 지나다니는 사람과 함께 공동의 공간인 셈이다. 닫는 문화와 여는 문화의 차이는 엄청나게 다르다. 말하자면 체면과 실리인 것이다. 가까운 이웃이면서도 이렇게 다른 것을 우리는 알아야 한다.

요즘 구조조정이라는 말을 많이 한다. 거품을 뺀다는 것이다. 절에서는 첫 수행은 쓸고 닦는 것에서부터라 한다. 수도는 끝없는 노력과 정진을 요한다.

　먼지를 털어내는 문제에도 이렇게 다르니 우리의 생각 속에 자리한 먼지를 툭툭 털어내 생각을 바꾸어야 할 때가 아닌가 한다.

수필 쓰기가 어려워지고 있다

　작년은 노벨상 탄생 백주년이었고 우리나라도 문학부분에서 떠들썩하게 들떠 있어 관심이 많았던 한해였다. 백년간의 수상자수 478명 중 여성이 10명으로 전체의 2프로이다. 우리는 노벨상하면 먼저 떠오르는 큐리부인, 그는 1903년 남편과 함께 물리학상을 수상, 그 8년 후 화학상을 단독 수상한 첫 번째 여성이다. 다음은 그의 딸 이레느 죠리오큐리가 1935년 부부같이 화학상, 세 번째가 체코슬로바키아의 가덴 고리가 1947년 부부 의학상을 수상하는 영광을 차지했다. 이것이 제 1세대, 이들은 대개 부부 공동수상이다. 여성의 고등교육의 기회가 주어지지 않았던 시대적 상황에서 여성들의 천재성은 남성위주의 장벽을 넘기엔 어렵던 때였다. 그리고 4, 5, 6 번째로 이어졌다. 4번째는 독일의 마리아 메이아가 1963년 물리학상, 5번째로 1964년 영국의 트로시 호치킹이 화학상, 6번째는 미국의 로자린 야로우가 1977년 생화학, 의학상을 수상한다. 이때까지의 여성들의 아이덴티티는 언제나 아내이고 어머니여야 했다. 아무리 훌륭한 여성과학자라 해도 사회적으로 평가받기 위해서는 그것이 우선해야 했다. 과학의 세계에서도 현모양처의 제약에서 벗어나 한 인간으로 인정받기까지 반세기 넘는 시간이 걸렸다. 그 후 독신녀가 남성위주의 벽을 뚫고 나온 것은 한참 지나서였다. 그들 제 1, 2, 3세대 10명의 수상자들의 사회적 환경 변화를 살펴보면 여성이 자립을 이루어가는 과정을 볼 수 있다.

과학분야가 이러할 때 우리의 문학은 어떠했을까, 우리나라 근대화의 첫 여성 등단자 나혜석羅蕙錫(1885~1946), 그는 1913년 한국 최초의 일본 유학생이다. 새로운 문화 사조를 접하며 미술학교에서 유화를 전공하는 한편 1914년 동인지 학지광學之光에 여권을 주장하는 -이상적인 부인-을 시작으로 소설, 시, 수필, 시론, 기행문 담론을 당시 오상순, 김일엽, 염상섭, 김억 등과 함께 폐허廢墟를 통해 발표하고 여권 운동에도 참여하며 많은 글을 남겼다. 당시 혜성처럼 나타난 우리의 선각자는 유교적 사회의 몰이해를 안고 온몸으로 살다 버림받은 한 많은 생을 1946년 무덤도 기일도 모르는 채 사라져갔다. 정월晶月 나혜석, 그 후 여러 여류문인들이 시대적 운명과 싸우다 비참한 생을 마친, 아픈 역사가 거름이 되어 오늘의 여성문학이 있다는 것을 잊어서는 안 된다. 지금 우리는 여성 전성시대를 구가하고 있다. 세상이 달라진 것이다. 여성들이 너무 젊어지고 있다. 그들이 주부로 주저앉지 않고 제2, 3의 꿈의 실현을 위해 돈과 시간을 아끼지 않고 도전하고 있다.

그런 현상은 여성뿐만 아니라, 남성에게도 오고 있다. 현재 인간수명 100세 시대가 되면서 청년, 장년, 노년, 노후라는 구분이 별 의미가 없어졌다. 모두가 자기 삶을 자기답게 계획하며 재도전하고 있다. 그 결과 문학 인구가 급증하고 있다. 평생학습의 장이 열리면서 일어난 현상이다. 국민정서 순화에도 바람직한 일이다.

이제 수필은 국민 모두가 쓰는 시대가 되었다. 아나로그 디지털하지만 누가 뭐래도 활자문화는 우리들의 정신적 유산이다. 부모에게서 자식에게 그리고 손자에게로 언어, 요리, 생활습관, 사회적 윤리, 도덕, 가치관 등 유형무형의 것으로 이어지는 것을 우리는 문화라 한다. 다음 세대에 전할 수 있는 것이 많으면 많을수록 그 나라는 풍요롭다고 한다. 그런 생각을 하게 되자, 글쓰기가 점점 두려워진다. 타고 난 약간의 글재주로 엿가락 늘리듯 쓰던 시대는 갔다. 지금 수필가는 많은데 좋은 수필 만나기가 힘들다. 공부하고 고민하지 않는 글은 읽어주지 않는다. 뿐만 아니라 문자 메시지나 이메일처럼 부호화하며 무한 경쟁시대에 속도가 빨라지면서 독자가 긴 글을 읽지 않게 되었다.

수필은 시대정신을 반영한다. 그리고 수필은 관조의 문학이다. 깨달음의 지혜를 통해 나타나는 인간애의 발로가 수필이기 때문이다. 사람을 사랑하는 사람은 소설을 쓴다고 한다. 그렇다면 소설가만 사람을 사랑하는가, 아니다 시도 수필도 창작하는 사람은 누구나 인간의 모든 걸 잘 살펴보고 생각하려 한다. 인간애적 순수한 관찰이 작가로 하여금 글을 쓰게 한다. 사려 깊은 생각을 한다 해서 수필을 인간학이라고도 한다. 아마 그래서 수필은 40대에 쓰는 글이라 한 것 같다. 삶이 무엇인가를 알 때쯤 되어야 한다는 것이리라.

　한 30년 전 내가 샘터에 글을 쓸때 8매 쓰라고 해서 혼났던 경험이 있기는 하지만, 요즘은 너무 짧은 글을 요구하고 있다. 수필은 대개가 10매에서 15매 정도였던 것이 5.6매 청탁을 받을 때가 많다. 긴 글보다 짧은 글 쓰기가 얼마나 어려운가를 우리는 체험으로 안다. 그 짧은 글 속에 작가의 사상과 삶의 값진 느낌을 축소한 메시지를 담아내려 하기 때문이다. 글을 쓴다는 것은 자기의 속내를 내 보이는 것이다. 자랑도, 아는 체도 청승스러움도 지나치지 말아야 한다. 차분히 자신의 속마음을 누구에게 이야기 하듯 정리해 보이는 글은 솔직 담백해서 사람을 감동시킨다. 그런 글은 잔잔한 호수가에 와 앉은 것 같은 안온한 기분이 들게 한다.

　좋은 글과의 만남을 나는 행복이라 한다. 우리는 칭찬과 격려에 너무 인색하다. 그 격려는 또 다른 글을 쓰는 에너지를 충전시켜 주기 때문이다. 좋은 글을 만났을 때 많이 칭찬해 주자. 나는 오늘도 피서 겸 읽을거리를 찾아 도서관으로 간다.

재치와 여유

 지금부터 50여 년 전 내가 살던 서울 종로구 원서동 13번지에 남편 앞으로 편지가 왔다. 서울 남대문 조흔파 입납南大門人納이라고만 했는데도 배달되어 오자 너무 좋아했다. 유명인들에게는 종종 있는 일이었다. 지금 서울은 너무 커져서 어림도 없는 일이고, 우편물에 우편번호가 있어야 분류할 수 있는 시대가 되었다.

 남대문은 서울성城으로 들어오는 첫 관문이다. 요즘 그곳을 지나다 옛 복장을 한 수문장들의 행렬을 보면 괜히 기분이 좋다. 과연 여기가 '서울성'이구나 확인하게 되어서인 것 같다. 외국광관객들이 남대문과 행렬을 배경으로 기념사진을 찍느라 부산하다. 그런데 그 남대문이 열렸다는 말을 듣는 때가 더러 있다.

내가 아는 닥터 박은 잘나가는 의사이고 차림새도 언제나 흐트러짐 없이 단정하고 말씨도 상냥해서 환자들에게 인기가 많다. 그가 어느 날 회진을 마치고 자기 방에 돌아와 가운을 벗고 의자에 앉으려는 찰나 왠지 바지 앞이 허전하여 내려다보니 아차, 남대문을 열어놓은 채 병실을 돌았던 것이 아닌가. 다행이 가운을 입었으니까 망정이지, 가슴을 쓸어내렸다는 실수담이다. 그는 유명한 산부인과 의사로 오해받기 딱 알맞은 사안이었다고 한다. 동료간에도 시샘의 눈이 심했던 시대였다고 회고한다. 그는 그후로 누가 남대문이 열렸다고 둘러댄 말인지 모르지만 참 좋은 표현이라는 생각을 하게 되었노라고 했다.

그런데 남대문이 열린 경우는 한두 가지 예가 있어서 화장실에서 일을 마치고 깜박 잊어버리는 것인데, 옛날에는 단추여서 한두 개만 끼우고 다 끼운 것으로 착각(너무 바쁘다 보니까)하게 되고, 요즘은 지퍼여서 쓱 내렸다 올리는 걸 잊어버리는 때가 있다. 이것은 그 순간 깜빡하는 건망증의 일종이다. 의학도들의 수면부족은 예나 지금이나 마찬가지여서 수면시간을 아끼려던 학생시절의 버릇이거나 군복무 때 시간에 쫓기는 훈련 때문에 남대문을 연 채 나오는 사나이들이 많다고 한다.

요즘 나는 전철을 많이 타고 다니는데 어느 날 중년 남성이 남대문이 열린 채 점잖게 눈을 감고 앉아 있는 것을 보았다. 아마 술 한잔 하고 집으로 돌아가는 중이었던 것 같았다.

전철은 마주앉게 되어 있어 의외로 그런 남성을 보는 날이 더러 있다. 고달픈 중년을 대변하듯, 남대문을 열어놓은 채 다니는 경우가 젊은이보다 중년층이 더 많다. 바로 옆자리에 앉지 않는 한 알려줄 수도 없어 당혹스러워지면 슬쩍 자리를 옮기고 만다. "남대문이 열렸습니다" 할 수도 없고 그 말을 듣는 순간 눈치도 없이 뒤를 돌아보거나 해서 주위사람이 쿡쿡 웃거나 하면 어쩌나, 좋은 방법이 없을까 생각했다.

그런데 바로 어제 전철 속에서 남대문을 열어 놓은채 신문을 읽고 있는 신사가 있었다. 맞은편 사람들이 그것을 보았지만 어느 누구도 나서서 주의를 환기시켜줄 용기와 방법이 없어 못 본 체 얼굴을 돌리고 있었다. 그렇게 몇 정거장 지나는데 건장한 중년 남성이 불쑥 그 신사 앞으로 다가가 좀 큰 소리로 아는 체한다. "김과장, 어디 가십니까?"

얼굴을 든 문제의 사나이가 엉뚱한 물음에 시큰둥한 표정을 지으며 의아해하자, 중년 남성은 앞을 가로막으며 허리를 굽혀 아주 작은 소리로 남대문이 열린 사실을 알려주는 것 같았다. 그제야 겨우 알아차린 남성의 얼굴이 좀 달아오르며 태연한 표정으로 슬쩍 신문으로 앞을 가려버린다.

그 신사가 신문을 다시 읽기 시작했을 때 남대문은 단단히 닫혀 있었다. 중년 남성의 재치 있는 순발력과 남대문이 열렸던 사나이의 의연한 태도에서 한국인의 재치와 여유를 확인할 수 있었다. 나는 그 광경을 보며 뭔지 모를 흐뭇함을 안고 돌아왔다.

 3부

책과의 만남
나이를 묻지 말아요
책 대접
혼자 식탁에 앉은 女人
풍선
파리 포수
弓漢村 吉州
굳은 살
나는 그때 15살 아이였다

책과의 만남

 내가 책과 처음 만났던 것은 언제였을까. 아마 다섯 살 유치원 때 그림동화였을 것 같다. 내가 자란 곳은 중소도시였지만 서점이라는 것이 두 곳밖에 없었다. 1940년 무렵 초등학교 어느 겨울 방학, 수줍어서 책방에 혼자 가지 못하는 아이던 나는 오빠 손을 잡고 책방에 들어간 것을 지금도 기억하고 있다.
 거기서 지구의地球儀를 본 것이다. 오빠가 빙빙 돌리며 여기는 어디, 어디라 했던 것 같다. 용기가 없어 나도 돌려보지 못한 것이 아쉬워 아직도 어린 날 추억 속에 그림처럼 남아있다. 그 후 1943년, 전쟁 중이라서 아이들 책이란 것이 별로 없었는데 병원집 친구가 빌려준 ≪소공녀≫, ≪소공자≫를 읽으며 즐거워했다.
 내가 아주 어릴 때 외가에 가면 , 겉장이 다 낡은 전책과 누렇게 장판지처럼 찌든 한서漢書가 있었는데 여자아이들은 그 방에 들어가지 못하게 했다. 그래서 화롯불에 인두 꽂고 바느질하는 할머니를 졸라 옛날 이야기 들으며 군밤, 고구마 먹는 맛에 자주 갔다. 어른들은 옛날이야기 좋아하면 가난하게 산다고 해도, 나는 만나는 사람마다 붙잡고 새로운 이야기를 들으며 재미있어 했다.

그 때는 전쟁 때라서 먹을 것이 궁핍한 배급제였고, 막판엔 놋쇠로 된 세숫대야 등 쇠붙이를 다 걷어 갔다. 어머니는 아침마다 우리 집 정미소 앞에 길게 줄을 서 기다리는 아기 업은 아주머니들에게 조, 보리, 옥수수, 콩 등을 퍼주곤 했다. 그 어머니의 적선으로 우리 형제들이 큰 탈없이 오늘에 이른 것 같다.

그 후 여학교 다니다가 폐병에 걸려 친구들과 격리되게 되니 자연 책과 친해질 수밖에 없었다. 아프다는 것은 괴로운 일이지만 반드시 손해보는 것은 아니었다. 그 외로웠던 한 때가 내게 있어 정신적인 성장으로 이어진 것 같다. 그 때문인지 조숙한 아이가 되었다. 언니 오빠들이 읽는 책을 몰래 읽으며 내 꿈은 부풀어가는 풍선처럼 커 갔다. 8·15해방이 되자 언니 방에 있는 이광수의 ≪사랑≫, 방인근의 ≪마도의 향불≫, 박계주의 ≪순애보≫를 읽으며 순정을 익히던 나는, 1946년 북쪽에 인민공화국이 수립되자 불어닥친 숙청바람에 어제의 소작인들의 기세에 밀려 숨을 죽이고 살아야 했다. 눈만 뜨면 청년동맹, 여성동맹에 가입하라 끌려 나가 자아비판이라는 데 시달리다가 도망다니는 신세가 되었다.

그때 며칠마다 서는 장터엔 전집류나 일본책들이 나와 팔리거나 파지로 처분되었다. 일본책 읽는 걸 보면 반동이라 불질러버리거나 잡아갔고 사전류는 시골 노인들의 마라초라는 담배 마는 종이로 잘 팔렸다. 그 무시무시하던 때 언니의 동급생인 보전(고려대학의 전신)에 다니는 김경선이 이남에서 발행하는 문예지를 몰래 가져다주어 읽고는 장독대 밑에 묻어버렸다. 모윤숙의 유엔참관기를 읽으며 서울 소식을 들을 수 있었다. 숨어 읽는 독서로 가슴속에 슬픔이라는 모형이 자리 잡은 것 같다. 어린 날 ≪집 없는 아이≫나 ≪플랜더스의 개≫를 읽으며 병약했지만 독서를 통해 타인의 슬픔에 눈물 젖던 어린 경험은 내 성장의 피와 같은 밑거름이 된 것 같다. 지금도 기억나는 것은 ≪플랜더스의 개≫의 네로소년이 불행의 연속에도 굴하지 않고, 마지막 소원인 루벤스의 대벽화를 으스름 달빛 속에서 보게 되자 "오, 하나님 이제 됐습니다. 고맙습니다."라며 숨을 거둔 그 깊은 뜻, 사람이 죽음을 무엇에 의해 받아들이는가라는 심오한 의미를 15살 소년 네로의 입을 통해 전한 그 과정이 내 생애에 깊이 각인되어 있다.

일찍이 일본 유학한 언니 오빠들에게서 받은 영향도 크다. 지금처럼 텔레비전도 없이 고작 라디오나 축음기만 있을 때 〈G 선상의 아리아〉나 베토벤의 〈운명〉을 들었다. 가끔 그 곡이 흐르면 나는 나도 모르게 어린 시절로 돌아간다. 큰언니를 통해 읽은 앙드레 지드의 ≪좁은문≫이나 한 알의 밀알이 땅에 떨어져 많은 열매를 맺는다는 요한복음은 후에 내 인생에 큰 의미를 주었다. 우리가 어린 날 겪은 독서체험이나 문화체험은 자양분이 되어 평생 이어진다.

6·25로 오빠를 찾아 왔다가 서울에서 다시 부산으로 피난민 무개열차를 탄 것은 내 인생의 큰 시련기였다. 안동 어느 간이역 쓰레기 속에서 주워 든 겉장 몇 페이지가 다 떨어져 나간 ≪전쟁과 평화≫, ≪안나 카레리나≫는 미쳐버릴 것 같은 내 청춘에 한 가닥 빛이 되었다.

환도로 서울에 다시 돌아와 1954년 결혼하고 대학 다니며 살림하던 종로구 원서동 13번지, 영자네 가게에 두부 한모 사러 나갔다가 고물장사 손수레에 실려 나온 헌 책 속에서 일본 책과 고서 한 아름을 안고 들어 왔다. 남편이 애써 모은 책들이 난리통에 없어진 것을 찾아 인사동을 헤매며 허탈해 하던 터라 그렇게 좋아할 수가 없었다. 공짜로 주워온 고서들은 후에 남편이 역사물 쓰는 데 좋은 자료가 되었다. 그 때의 책 몇권이 50년 넘게 내게 있다. 그 일로 나는 남편에게서 작가의 아내자격이 있다며 칭찬 받았다. 가끔 집안의 이런 저런 일로 기분이 상하면 나는 책 들고 골방에 들어 앉아 시간 가는 줄 몰랐다.

환도해 얼마 안됐을 때였는데 쌀이 떨어진 것이다. 차마 그 말을 하지 못하고 하루 종일 굶고 있는데 저녁에 들어온 남편이 집안 분위기가 썰렁 하자, "무슨 일 있었어?" 했다. 나는 그만 울고 말았다. 부엌에 나가 쌀통 열어보고 되레 화를 내며 "쌀 떨어졌으면 말해야지" 하며 야단치자 설움이 복받쳐서 울었다. 얼마나 한심했을까. 철없는 아내를 데리고 사는 남편이 기가 막혔을 것이다. 왜 그런 말하기가 그렇게 싫었는지….

어느 날 새벽 내가 단골로 다니며 외상도 하던 영자네 가게 앞에 나갔다가 어떤 새댁이 유똥치마저고리를 가지고 나와 쌀로 바꿔 가는 걸 보았다. 그 곳은 우리 화단의 초창기 나혜석과 같이 유화를 그렸던 고의동 화백도 단골손님이었다. 만날 때마다 반색하며 귀여워해 주시던 어른과의 인연으로 한국화집 속 귀한 그림 한점을 내가 소장하게 되었다. 1980년 남편과 사별하고 나서 생활전선에 서게 되자, 제일 아쉬웠던 것은 그이의 해박한 지식이었고 미망인이 된 처지로 아무에게나 도움을 청할 수 없음이 슬펐다. 그래서 가기 시작한 일본대사관 광보관은 내 서재 겸 서고가 되었다. 배우가 많은 역을 다 소화해내듯 책을 많이 읽은 사람은 많은 사람들의 인생을 활자를 통해 경험한다고 한다. 그래서 생각의 폭이 넓어진다는 것이다. 지금 인생 후반에 와서 생각하는 것은 젊은 날의 독서는 자신이 걸어가는 인생에의 예언적인 언어들과의 만남이었다.

오늘을 사는 우리들은 모든 것이 편해짐에 따라 고독해지게 마련이다. 그러나 읽을 책이 가까이에 있다는 것은 구원이다. 영원한 동반자가 되어준 책은 나에게 참 좋은 만남으로 기억될 것이다.

나이를 묻지 말아요

 소설가는 인간이란 무엇인가를 글로 풀어내는 이야기꾼이다. 철학자처럼 어려운 말은 쓰지 않지만 언제나 인간에 대하여 관찰하고 생각한다. 그러나 소설가만 인간에 대해 생각하는 것은 아니다. 교육가, 종교가, 의사, 장사꾼, 운전사, 미용사도 모두 인간에 대한 관심이 많다. 그렇다면 대체 인간이란 무엇인가, 지구상에 몇십억이나 되는 인간이 살고 있지만 인간이란 무엇인가에 시원히 답할 수 있는 사람이 과연 몇이나 될까. 그래서 사람들은 누굴 만나기만 하면 우선 당신은 누구이며 어디서 무엇을 하며 사느냐, 하고 묻기부터 하는 것 같다.
 어제 수영장에서 옆 라인의 아주머니가 느닷없이 "몇이십니까" 하고 묻는다. 대답하기 싫어서 얼른 물 속으로 들어가 버렸다. 그런 질문에 짜증이 났기 때문이다. 왜 나이를 물을까, 젊지 않은 사람이 수영을 하니 좋아 보여서인가, 그 사람 눈에 좋게 비쳤을 여러 가지 좋은 점들을 생각해보았지만 그래도 그런 질문은 받기 싫다.

어렸을 때는 나이보다 많게 보이려고 애썼다. 빨리 어른스러워지고 싶어서였다. 더구나 나는 6남매의 막내여서 언니 소리 듣는 게 소원이었다. 그래서 의젓하게 굴면 젊잖다는 말을 들었다. 어른이나 아이나 점잖다고 하면 칭찬으로 알아 좋아들 했다. 애늙은이를 만든 셈이다. 그러나 남자 나이는 많이 보아주고, 여자 나이는 적게 보아주는 것이 예의란 말이 있어서인지, 할머니 소리를 듣는 나이면서도 "할머니!"하고 부르면 질색하는 친구가 있다.

가끔 재래시장 나들이를 할 때가 있다. 돈 만원만 가지면 행복한 장소가 시장이 아니던가. 얼마 전 시장에 갔더니 나를 보고 언니라고 부르는 장사가 있었다. 아무리 젊게 봐주었으면 하는 것이 여자의 욕심이라지만 이건 너무 한다는 생각이 들었다.

서머셋 몸이라는 작가는 인간의 상상력이라는 것은 많은 훈련에 의해 성장함으로 젊었을 때보다 나이 들어 더욱 활발해진다고 한다. 그래서 한때는 나도 빨리 늙어 원숙해져야겠다고 조바심을 친 적도 있었다. 그러나 중년을 넘어서니 시간은 화살처럼 내달려 이제는 나이 같은 것ㄷ 의식하지 않고 살고 싶은 노경에 이르렀다.

그런데 존경을 받기에는 나이를 먹어야 하고 귀여움을 받기에는 젊어야 한다는 말이 있다. 늙어야만 존경을 받는다니 참으로 모를 일이다. '아낌'과 '공경'은 모르겠으나 늙어야 존경을 받는다는 것은 이해할 수가 없다. 점잖다는 동방예의지국이 만들어낸 공자의 가르침이다. 공자의 사상이 중국보다 더 잘 지켜진 결과가 아니겠는가.

며칠 전 TV에서 '세기의 여인들'에 나오는 오드리 헵번을 보게 되었다. 젊은 날에 보았던 영화 '로마의 휴일'이 떠오르며 너무나 반가워 외출을 미루고 보았다. 1929~1989년 은퇴 후 사망할 때까지 유네스코 친선 대사로 어린이들에게 아낌없는 사랑을 보여주는 그녀의 마지막 모습은 인간의 완숙미를 보는 것 같아서 감동적이었다. 스타는 베일 속에 감추어진 신비스러운 존재로서보다 우리와 똑같이 늙어가는 평범한 인간으로 다가왔을 때 더욱 친근함을 느끼게 된다. 나이 든 그녀의 모습에서 그 앳되고 팽팽했던 아름다움은 사라졌지만, 곰삭은 술같은 깊은 맛이 배어 있어 오래오래 가슴에 남았다.

이제 "몇이십니까?" 하고 상대방의 나이를 묻기보다는 그의 노년이 얼마나 아름다운가를 볼 수 있어야 하지 않을까. 내가 소망하는 것은 젊음이 아니라 바로 그 아름다운 노년이다.

책 대접

　책천자冊賤者는 부천자父賤者라는 말이 있다. 이것은 부자효친이라는 뜻에서 풀이한다면 책을 함부로 대하는 사람은 지아비에게 불효를 저지르는 결과가 된다는 것이다. 이와 같이 책은 우리들의 정신적인 거름이 되는 자양분이라는 뜻이다.
　매일같이 식사를 하고 공기를 마시는 것과 같이 병행해야 하는 인간만이 가질 수 있는 지혜를 얻는 과정이 독서이다.
　나는 책값이 비싸다는 생각은 하지 않는다.
　책의 효용은 사람에 따라서 다소의 차이는 있겠지만 절대적인 양식임은 누구도 부인하지 못한다.
　나는 어렸을 때 병치레 하느라 밖에 나가 놀 수가 없었다. 그래서 독서가 즐거움이었고 그 책 속의 주인공이 친구가 되어 미지의 세계를 경험할 수 있었던 것이 책과의 만남이었다. 그

때 읽었던 테니슨의 ≪이녹크 아든≫이나 괴테의 ≪젊은 베르테르의 슬픔≫, ≪에디슨전≫ 등은 아직도 내 가슴 속에 그 주인공과 함께 있어 시들어가는 내 정서를 촉촉이 적셔주기도 한다.

그러나 독서는 나이와 함께 취향도 점점 달라져 간다. 달콤한 사랑 이야기 같은 것에 관심이 가지 않게 되었다. 영화나 소설에서도 마찬가지여서 애절한 연정보다는 시원한 전쟁물이나 SF물들이 좋은 때도 지나고 나니 전기적 역사물이나 르포문학 같은 가벼운 터치의 기행물이 좋아졌다. 그리고 나이 닷인지 철학이나 종교 같은 무거운 것들도 조금은 이해할 수 있게 되면서 책이 수다쟁이 친구보다 가까운 독서상우讀書尙友의 뜻임을 알게 되었다.

이사 때마다 책짐이 가득한 이웃을 보게 되면 괜히 친해지고 싶어진다. 책을 읽는 이웃은 좋은 사람들일 거라는 생각에서다. 시대가 너무 빨리 변하면서 독서경향도 많이 달라졌다. 옛날 전집류들이 이제 푸대접받아 아파트 같은 데서는 버려지는 것을 자주 본다. 순전히 장식용으로 쓰이다 자리잡는다는 이유로 팽개쳐지는 것이다. 슬픈 일이다. 활자문화의 변천사는 어찌할 수 없다 하더라도 가슴 아플 때가 많다.

전쟁 후 길거리에서 주운 ≪안나 카레니나≫를 보따리 속에 넣고 다니며 너덜너덜해질 때까지 읽고 또 읽으며 내 젊은날은 폐허 속에서도 살쪄갔다.

아래 위로 **빽빽**한 전집류나 장편보다 시간적으로 **빨리** 간편하게 읽을 수 있는 것만을 선호하게 된 현실이다. 아무리 시대가 바뀌어도 말과 글은 인류와 함께 할 것이다. 좋은 글과의 만남은 귀중한 양식으로 우리들 가슴 깊은 곳에 남는다. 지금 우리는 모두가 시간에 쫓겨 묵상하듯 책 읽을 시간이 없다. 전차 속에서 책 읽고 있는 학생들은 대개가 시험준비지만 그래도 흐뭇하다.

중국의 황산곡黃山谷이라는 시인은 독서를 '삼일부독서어무미三一不讀書語無味'라고 ≪세설신어世說新語≫에 쓰고 있다. 사대부가 되어 사흘동안 글 읽지 않으면 이치를 깨닫지 못하게 되니 철학을 얻지 못할 것이오, 따라서 그 인상도 험해질 것이니 얼마나 한심한 일인가. 말하자면 3일이나 책을 가까이 하지 않으면 진리를 얻지 못하여 철학이 생겨날 수 없어 인상마저 좋지 않게 보일 뿐 아니라 사려 깊은 말도 할 수 없게 된다는 것이다. 안중근 의사의 독서에 관한 글도 여기에서 나온 듯하다.

시대가 바뀌고 환경이 아무리 변한다해도 우리는 책을 통하여 많은 지식과 상식을 얻어 교양을 쌓고 문화적으로 수준 높은 품위를 얻게 된다. 젊었을 때는 어렵게만 생각했던 고전작품 속에서 그 시대를 살아냈던 삶의 지혜에 깊은 감명을 받을 때가 있다. 책이 있는 환경은 그래서 더욱 호감을 가지게 되고 품격마저도 높아보여 우러러보게 된다.

'아는 것이 힘이다'라고 한 베이컨은 술이라면 오래된 포도

주가 좋고 친구라면 옛벗이 제일이고 책이라면 고전이라 했다.

어릴 때 ≪에디슨전≫을 읽으며 실패를 거듭하면서도 이겨내는 과정을 감명깊게 읽었던 기억은 아직도 생생하게 남아있다. 우리는 우리가 살아낸 만큼 지나온 노정 속에 실패도 성공도 좌절도 겪으며 온 것이다. 그때마다 어릴 때 읽었던 책에서의 감명은 큰 힘으로 버텨준 것 같다.

현대는 다정보시대이다.

책벌레는 못 되어도 책이 친구가 된 것은 정말 다행이다. 한때는 책이 좋아서 그 작가의 모든 것을 알고 싶어 했던 때도 있었다.

책과 친해지는 생활태도가 필요하다. 그것은 가정에서 어렸을 때부터 어머니의 독서습관과도 관계가 있다. 환경을 조성해 주는 것은 어머니의 역할이 크게 작용한다.

오늘 우리들의 정신생활이 너무나 황폐하고 궁핍해 버렸다. 인간에게 있어 물질적 불안보다 더 심각한 문제가 정신적 문제임을 부인한다면 모두가 그저 그런 동물일 수밖에 없지 않은가.

책이 천대받지 않고 대접받는 문화적 풍토가 아쉽다.

혼자 식탁에 앉은 女子

 거대도시 빌딩 숲 속을 쫓기듯 달려오는 바람소리에 말로 다 할 수 없는 현대라는 쇳소리 같은 외침을 들어보았는가,
 나는 오늘 이 크나큰 서울 숲을 도망쳐 나오듯 빠져 나오며 질러대는 피리소리 같은 쇳소리를 듣는다.
 집에서 조금 나오면 듣게 되는 그 소리. 인간의 고독이 바람구름에 실려 가며 냅다 지르는 소리, 그런 자연이 연출해 내는 고독까지 생각하게 된 나, 밤이 되면 차들의 빛의 파장이 황금빛 공용이 되어 질주하는 그 속, 내가 사는 성은 달랑 물위에 뜬 작은 배가 되어버린다. 스모그가 없는 날 별들의 잔치처럼 내 집주위엔 멀리 가까이에 네온 빛으로 영상화면이 펼쳐진다. 저 높은 빌딩 같은 아파트, 수를 헤아릴 수 없는 창가엔 도란거리는 이야기가 오늘도 다정하다. 그러나 방음벽 유리창

인 내 방에서 눈으로만 보일뿐, 소리없는 세상에 오직 나 하나.

밤이 깊어지자 하나 둘 등은 꺼지고 드문드문 남아 있는 창가에선 반딧불처럼 명멸하고 만다. 문득 유리창에 비친 불면에 지친 내 모습을 보자 소름이 오싹 끼친다. 고독이란 이런 것이다. 그런데 오늘 우편물 정리하다 이 옥희시인의 – 아침 식탁 – 이란 시를 보았다. 첫줄에 혼자만의 수저를 놓다가나 끝부분의 오늘은 누구라도 불러 함께 출렁이고 싶다로 현대인의 고독을 시인은 쓰고 있다. 가족이 있어도 혼자 외로워하는 여자가 많아지면서 우울증에 시달리는 사람이 많다. 고독이란 어제 오늘의 문제가 아니다. 내 책상 위엔 늙은 노파가 식탁에 빵 한 조각 놓고 저녁 기도하는 그림이 있다. 한쪽엔 고양이가 발톱으로 식탁보를 잡아당기고 있어, 좀은 청승스러워 보이는 낡은 판화 그림이다. 1954년 원서동 막다른 골목 영자네 가게 앞에 손수레에 실려 나온 헌 책더미 속에서 내가 읽고 싶어서 몇 푼 주고 산, 책들 속에 남편이 좋아하던 일본의 작가 마끼이이쯔마牧逸馬(1900~1935)의 화보에서 뜯어낸 것이다. 그는 필명 네 개로 역사, 현대물, 시대물, 탐정소설로 1930년대 대중문학의 기수로 부부가 유럽 여행하다 화란의 암스텔담 미술관에서 산 니코라스 머스의 작품이다. 1942년판 ≪주부의 친구≫ 잡지 화보에 실린 판화그림을 표구해 우리 집에 50년 넘게 걸려있다. 그림이 너무 어두워 싫다는 나에게 남편은 내가 먼저 죽을 것 같으니 당신이 저렇게 되지 않기를 생각한다 했다. 그때 일본 작가들은 귀족 같은 사치스러운 생활을 할 수 있었다. 인세로 고소득자가 많아. 1930년대 원고지 한 장(400자)에 백천엔이였다니 놀랍고 부러운 일이다. 내가 읽은 1958년 공문사에서 나온 소설가란 책에 보면 인세로 고소득자가 된 현대의 영웅이라 소개하고 있다. 그 영웅 중 한 사람이 마끼이이쯔마였던 것 같다.

여행하다 보면 혼자 레스토랑이나 까페에서 식사하는 여성을 잘 보게 된다. 그런데 식탁엔 와인그라스와 편지 같은 걸 놓고 있다. 아니면 르포기사를 쓰고 있는지 빵 한 조각 뜯고 있는 걸 본다.

편지 같은 걸 보면서 식사하고 있는 여인은 외롭지 않아보인다. 시대가 변해 지금은 문자 메시지지만, 그래도 육필로 쓴 편지는 체온이 있어 눈으로 읽고 가슴으로 느끼며 마음에 남아서 나는 좋다.

오늘 이옥희 시인의 아침 식탁을 보며 고적함을 다시 생각한다. 늙으면 외롭게 되어 있는 것이 자연의 이치다. 특히 글을 쓴다는 사람이 외롭지 않고 무슨 글이 나올 수 있겠는가?

인간의 삶이 언어의 일생과 무엇이 다른가. 미련없이 다 주고 갈 일만 남았다. 이제 오래된 금간 사발같이 자칫 잘못 다루면 와르르 깨지고 만다. 너무 서두르며 살아 온 것 같다. 좀 천천히 걸으면 어떤가, 하얀 눈 위에 터벅터벅 자욱 남기며 하나 둘 나를 따라 오는 그 발자국 뒤돌아보며 혼자이면 어떠리, 일장 연극이라는 인생, 우리들의 삶이 모두 다른 드라마다. 극장 무대만이 즐거운 곳이 아니다. 내 집 창가에서 내려다 본 세상, 오가는 사람들 속에 장편 소설도 단편소설도 시도 수필도 이 거리에서 볼 수 있으니 재미있지 않은가, 나는 오늘 저녁 와인 한잔 대신 재미있는 책 읽으며 혼자만의 느긋한 저녁을 즐기는데, 창가 화분에서 날아왔는지 하루살이 같은 것이 펄럭이며 친구하잔다. 모두 생각하기 나름이 아닌가. 너무 외로워 말자.

풍선

TV에서 풍선을 불어 백여 가지나 되는 형상을 순식간에 만들어 내는 걸 보고 있던 손주녀석들이 저걸 달라고 떼쓰기 시작했다.

아이들은 어릴수록 풍선을 너무 좋아한다. 나는 풍선을 한번도 불어보지 못했다. 폐활량이 문제인지 힘이 없는지 안된다.

풍선은 어린이날 같은 때 많이 볼 수 있다. 개업하는 가게마다 공짜로 나눠줘 애들을 즐겁게 한다.

그런데 놀다가 바람이 빠지면 불어달라고 졸라대서 걱정이다.

할머니가 아무리 불어도 안되는 걸 지켜보다가 체념하는지 다른 놀이에 빠지고 만다.

그런데 어제는 풍선을 가지고 공차기를 하다가 고만 터뜨리고 말았다.

둘이서 서로 네 탓이라고 티각태각하다가 작은놈이 울며 내게로 달려온다.

풍선이란 것은 마치 정복욕과 같아서 나폴레옹, 징기스칸, 일본군들의 그 광적인 욕심의 결과는 풍선을 너무 세게 불면 빵하고 터지듯 끝내는 패망이라는 쓰라린 패배를 맞게 되어 있는 것이 공식이다.

전쟁이란 파멸이다.

우리는 매년 8월만 되면 해방과 독립 특집으로, 일본은 패망의 쓰라린 상처를 잊지말자고 매스컴이 총동원되다시피 한다.

지난 6월 26일 도취기현요나고시島取縣米子市 국제교류재단 초청으로 시민강좌에 가는 길에 히로시마廣島를 경유하게 되었다.

공항에 내리니 비가 주룩주룩 내리고 있다.

우리를 태운 차는 약40여 분 걸려 시내에 들어가고 있는데 물의 도시답게 사방이 물로 둘러싸여 있다.

안내자의 설명이 옛날에는 시내 한가운데를 두 줄기 강이 흐르고 있었는데 지금은 다섯 갈래로 천만천天滿川, 본천本川, 안원천安元川, 경교천京橋川, 원후천猿猴川으로 나뉘어 바다로 흘러 간다.

장마철만 되면 물이 넘쳐 난리를 겪는 곳이어서 원폭 이후 사람들은 물과 불로 죽은 자의 한 맺힌 땅이 히로시마廣島라 한다.

해마다 수마에 할퀴는 습지가 대부분이어서 지하철은 엄두도 못내고 지상에 아스트라담라인 스카이라인을 설치해 교통은 원활히 하고 있는 것이 이색적이다.

한국과 가깝고 마주하고 있어서 우리 교포가 많이 살고 있다는데 습지에 재건한 아파트엔 아직도 고국을 바라보며 사는 교포가 삼분의 이나 모여 산다고 한다.

우리 나라 사람처럼 귀소본능이 강한 민족도 드물 것 같다. 그런 탓에 우리 동포들의 희생도 컸다한다.

1940년대 육해군 군사 요지로 주둔군이 많으니 자연 유흥 산업도 번창해 많은 사람들이 살았던 곳이다.

1945년 8월 6일 아침 8시 15분 운명의 순간이 온 것이다. 세계를 바꾼 날이다.

그리고 그 무섭던 전쟁은 끝났다.

그로부터 54년이 지난 오늘 나는 여기 선 것이다.

일본은 8월이 오면 패전을 종전이라며 각오를 다지고 있다.

억지로 백기를 들게 했던 원폭을 떠올리며 평화를 외쳐온 지 어언 반세기 그후 언제 어디서나 원폭原爆을 클로즈업 시키고 있다. 평화平和를 위한 기원이라는 슬로건 아래 지금은 관광상품으로까지 발전시킨 것이다.

저들이 저지른 만행은 깡그리 덮어둔 채 그래서 세계인들은 그들을 곱지 않은 시선으로 바라보고 있다.

비내리는 시내 한복판을 달려 우리 동포 피폭자위령비 앞에

서니 비인지 눈물인지 한인지 알 수 없는 감회가 가슴을 꽉 메운다.

차와 꽃을 헌화하고 돌아서는데 저 편에 초등학교 수학여행단이 우산을 받혀들고 내리고 있다.

손에 손에 알록달록 종이학을 들고 있다. 모두의 기원을 담았다고 한다.

비에 젖은 잔디 위에 석탑 위에 철책 기념비마다 성황당에 천조각 걸치듯 부적인 양 놓여 있다.

그중에 유독 눈에 뜨이는 것은 어린이가 놓고 간 듯한 비닐봉지속 곰인형이 사연을 아는지 모르는지 귀엽게 앉아 있다.

그걸 보면서 문득 얼마 전 집 가까이 공원에서의 일이 생각난다.

네댓 살된 여자아이가 등에 예쁜 곰인형을 업고 있는 것을 보았다.

아마 제간에는 엄마노릇하는 시늉이지만 한쪽 손은 진짜 엄마의 손에 이끌려 어디론가 깡충거리며 가고 있다.

여자아이들은 모두가 인형을 좋아한다. 마치 내 아기처럼 동생처럼 마음을 주고 받으며 사랑하는 것이다.

엄마에게 졸라서 업고 나온 모양인데 앙증스럽도록 귀엽다.

뒤에서 보니까 한손으로 받혀주고 있는 고사리손을 보며 나는 잠시 멈춰서 보고 있었다.

우리 집 손주녀석들은 곰인형을 대몰림하며 가지고 논다.

큰녀석은 두 돌 지나서 저보다 큰 여자인형을 갖기 시작했는데 이젠 하도 만지작거려 다 낡아 버렸다.

잠들 때 같이 자는 도구가 되고 말았다. 보드라운 살결을 매만지듯 살살 어루만지며 눈을 감는다.

때로는 너무 커서 다리를 얹어놓기도 하는데 치워버렸다가 큰 떼를 만난다.

사내아이가 이불을 덮어주고 먹여주는 시늉을 하며 얼마나 소중히 다루는지 모른다.

어쩌다 제 동생이 만지기만 해도 "내꺼야"하며 달려들어 뺏어간다.

그 분신과도 같은 곰인형을 놓고 간 동심童心이 내발목을 잡는다.

원폭폭심지, 원폭돔, 평화시계탑, 위령비, 평화기념자료관, 우리동포 위령비를 돌아 나오는데 가신 님들의 한이 소리없이 내리고 있는 듯한 감회에 젖었다.

죽어서도 푸대접 속 서러운 신세 우여곡절 끝에 1999년 8월 6일에야 평화공원 안으로 이장한다고 생색이니 가증스럽기 짝이 없다.

어쨌든 전쟁은 모든 걸 앗아가 버렸다.

고사리손으로 기원을 놓고 간 가녀린 저 어린 생명에게 두번다시 이런 일이 없기를 우리는 머리 숙여 빌고 있는데 종이학 꾸러미 어디선가 풍선이 팡하고 터지는 소리가 요란하게 들려온다.

마치 나태한 현대인들을 질책하는 것 같아 찔끔했다.

언제 어디서나 인간이 자기 생명만은 어떤 강력한 국가나 기구밑에서도 스스로 처리할 수 있어야 하지 않겠느냐고 묻고 싶어졌다.

무거운 마음을 안고 발길을 옮겼다.

평화를 바라는 마음에 국경이 있을 수 있겠는가.

파리 포수

얼마 전 일이다. 지하철 타고 나가다 맞은편 유리창에 비친 내 얼굴이 보기 싫어서 찡그리고 있는데 얼굴 주위를 파리가 윙윙거리며 맴을 도는 게 아닌가, 속으로 화장품 냄새가 좋은 모양이지 하며, 손을 들어 쫓으려는 순간 무르팍 위에 뚝 떨어졌다. 명중한 것이다. 아침부터 살생殺生계를 범한 것이다. 나무관세음보살을 외며 극락왕생을 빌었다.

내 손에 살기가 있었나 한 방에 가고 말았다. 파리채도 없이 맨 손으로 잡아 버렸다. 나는 어릴 때부터 손재주가 없어 형제들 사이에서도 따돌림을 받기 일쑤였다. 주판, 연필 깎기, 공기놀이, 실뜨기, 오재미, 종이접기를 비롯해 커서는 화투놀이, 장기, 트럼프 등 손으로 하는 걸 다 못하니까 자연 관심을 두지 않게 되어서인지 민화투도 제대로 모르고 오늘에 이르렀다.

그런데 몇해 전 알래스카 바다 낚시에서 난생처음 150파운드나 되는 광어를 낚아 특별상까지 받은 일은 내 생에 기록되어야할 일대 사건이었다. 그후로 나는 물만 보면 그때 그 바다에서의 짜릿한 스릴을 재연하고 싶어진다.

그런 내게 특기가 하나 있다. 어린날 과수원에서 요양하느라 쉬고 있을 때 러시아 정교회나 크레믈린궁 꼭대기, 양파나 통마늘 같이 생긴 파리 사냥기인 파리통이라는 게 있었다. 아래쪽 세곳에 거북이발처럼 생긴 받침 꼭지가 붙어있어 밑이 훤하니 주먹이 통할 만한 구멍이 뚫린 것인데 운두는 얕지 않아서 물을 남으면 엎질러지지 않게 되어 있었다.

여기다 비눗물을 풀어 넣고 구멍 아래 비린내 나는 음식 부스러기를 놔두면 파리가 모여 통안으로 들어갔다가 도망치려고 아무리 발버둥쳐도 빠져 나올 길이 없어 몸부림치다 비눗물에 빠져 죽고 만다. 환히 보이는 유리를 통해 지켜볼 수 있는 파리박멸기였다.

옛날에는 파리도 참 많았다. 내 어린날 여름집은 퇴비를 쓰던 과수원이라 파리가 언제나 윙윙거리며 사람과 함께 동거했다. 어쩌다 낮잠이라도 잘라치면 파리들 극성에 속상했던 기억이 어제 같은데 요즘은 파리떼를 좀처럼 구경 못하고 산다. 그때를 다 잊었는지 가끔 한두 마리 얼씬거리는 꼴도 현대인들은 상을 찌푸리며 싫어한다.

일상속에서 나는 무딘 손재주 때문에 고기를 썰려고 칼을 들었다하면 손을 베어서 피를 보는 일이 많았다. 그런 내게 신기하게도 공중을 날아다니는 파리를 쳐서 떨어뜨리는 재주가 있었다. 언젠가는 두 마리를 동시에 잡은 적도 있었다. 땅바닥이나 책상 위에 파리를 내리치면 압사壓死하고 마는데 날아다니는 걸 치면 대개가 혼절해서 까물어쳤다가 잠시후 다시 살아나 도망가는 놈이 더러 있었다. 그보다 더 안된 것은 너무나 작아서 파리채 그물사이에 끼워서 즉사卽死하고 만다.

구사일생으로 살아난 놈은 우리집 근처는 위험지역이라 얼씬도 말라는 정보를 띄웠는지 어느 때는 파리들 극성이 뜸할 때가 있었다.

옛날에는 어느 집에서나 백열등 아래 파리가 몇 마리 돌아다니는 게 보통이었다. 그래서 집집마다 파리채, 끈끈이 풀, 파리통 등이 파리박멸에 일조를 했다. 어른들이 말하기를 초여름 파리 한 마리 잡는 것이 한여름 백마리 잡는거와 같다며 극성스레 잡았다. 초여름 날파리는 아주 작고 호들갑을 떨어서 잘 잡히지 않고 내 질풍같은 손바닥에 우수수 떨어지는데, 한여름 이것 저것 포식한 녀석은 몸이 무거워서인지 앉아서 손발 부비며 쉬는 때가 많다. 그래서 대개가 파리채의 표적이 된다. 까불며 날아다니는 것은 날파리다. 떨어지기는 했는데 행방이 묘연해서 두리번 거리다 보면 기절했다 깨어나 꼼지락거리는 걸 보고 인간은 참으로 잔인해서 재차 휴지에 싸서 죽음을 확인하고야 만다. 기절 아니면 뇌진탕으로 버둥거리다 손발뻗으며 정지하면 끝이다. 임종인 것이다.

나는 요즘 사람이 사살될 때의 장면을 본 일은 없지만 영화나 TV에 나오는 장면과 대비해 보며 공통의 현상을 보는 것 같아 씁쓸하다.

가을이 되니 빨간 고추 잠자리가 뜨거운 햇살을 헤엄치듯 날아다닌다. 골목마다 아이들은 잠자리채 들고 이리 뛰고 저리 뛰며 잡느라 얼굴이 빨갛게 익었다. 나도 오늘 손주에게 잠자리 몇 마리 잡아주었다. 한참 지나자 아이들의 손때 때문인지 생기를 잃어가고 있다. 파란 곤충채집 바구니 속에서 푸드득거린다. 파리통 속에서 몸부림치던 파리처럼 탈출하려고 필사적이다. 손주에게 놔주면 어떠냐고 물었더니 엄마에게 보내주자는 내 뜻에 선뜻 동의한다.

단풍잎 같은 작은 손으로 놔 주며,

"잠자리 안녕."한다.

선명한 가을 하늘을 보며 나는 손주의 손을 꼭 잡으며 이제 파리포수꾼 노릇은 그만두어야지 하고 다짐했다.

弓漢村 吉州

활쟁이 마을, 길주

10년 전만 해도 일본의 동북지방에 가면 동경에 비해 상대적으로 너무나 낙후한 데 놀란다. 그런데 지금은 그 덕에 살기 좋은 공해 없는 도시로 각광을 받게 되었다. 원인은 중앙집권에 의한 정치와 깊은 관계가 있는 것 같다. 내가 태어난 함경도 땅은 서울에서 약 700여리 그래서 중앙의 혜택이 못 미처 백성들이 각자의 생계를 해결해야 했으니 자연 경제적 자립과 독립정신이 강했다. 중국과 러시아가 가까워 개방적이어서 개척정신이 투철해 학문을 숭상하는 사상가와 혁명가가 많았다.

살아 남자니 억척같을 수밖에 도리가 없었을 것이다. 왕조

4백년 서북인은 관계에서조차 괄시받은 피해의식이 커 18세기 초 홍경래洪景來 난은 그러한 배경에서 일어난 것이다.

옛 보부상들이 함길도咸吉道라 했던 함경남도 함흥에서 함경북도 길주로 이어지는 교통의 요지가 내가 태어난 고향이다.

어린 날 외가에 가면 글 읽는 소리가 담을 넘었다. 3·1운동에 가담했던 극동할머니(외할머니별명)가 베틀에 앉은 모습이 선하다. 아마 그때 귀동냥으로 익힌 것이 내 한문의 뿌리이고 자동차부 서사아저씨(독립운동가)에게서 신학문에 대한 눈을 뜨며 일본유학생이던 둘째오빠가 날라다준 일본책에서 내 문학의 씨는 뿌려진 것 같다. 방랑시인 김삿갓이 들렀다가 푸대접받은 앙갚음으로 내뱉은 시어詩語와 대원군이 조선 8도를 말한 이전투우泥田鬪牛의 고장이기도 하다.

붓이란 총이나 칼보다 강한 힘을 가졌음을 소름끼치도록 실감한다.

　　吉州 吉州 不吉州 許哥許哥 不許哥
　　明川 明川 人不明 漁佃漁佃 食無漁
　　길주 길주하나 길할 것 없고, 허씨성 가진 이 많으나 허락지 않다.
　　명천 명천하나 밝은 사람 없고, 어장이 유명하나 먹을 게 없다.

사회에 반감을 품은 김삿갓이 악담과 험구로 州吉(주일)놈의 고장이라 내 뱉은 곳이 내 고향 길주다. 김삿갓은 이 박절한 푸대접과 적빈赤賓한 세태를 보고 더 이상 북향을 단념하고 발길을 남으로 돌렸다 들른 북청땅에서 그 유명한 경세적 시의 대표격인 스무나무 아래 서러운 객이를 남겼다.

二十樹下 三十客 四十村中 五十食
人間豈有 七十事 不如歸家 三十食

길주란 여진족의 시달림으로 배타적이어서 남의 눈치 안 보고 타관사람에게 박절한 곳이다. 밟히면 밟힐수록 안으로 뭉치는 힘은 길주사람들의 끈질긴 기질이다.

역사를 살펴보면 고려 예종 때 윤관 장군이 17만 대군으로 여진을 물리치고 쌓은 길주성, 그때로부터 길주가 탄생하였다. 세조에 이르러 북방 천시에 반기를 들고일어난 이시애李施愛 난이 계기가 되어 조선 8도가 조선 13도로 되었다 한다.

그리고 임진왜란 때 서북도가 쑥대밭이 되었는데 길주성에 입성한 왜병을 순수한 민병으로 몰아낸 옛 옥저의 땅, 활쟁이 마을이다.

갈 수 없는 칠보산과 고향

뽕나무와 삼목이 지천으로 자라는 넓은 들 북조선 3대 평야의 하나로 사방 2백여 리나 되는 길주벌을 가로지르는 남대천변의 기름진 옥토가 있어 먹고도 남던 쌀과 콩, 수리를 이용한

공장, 목재를 원료로 하는 제재소, 제지, 화학, 펄프 등이 가까이 성진항을 통해 전국으로 공급되었다.

1930년경 운송의 축을 이루었던 아버지가 경영하던 운송사업덕에 고생 모르고 자란 자동차부집 6남매의 막내가 나다. 아버지의 고향은 원래 경기도 고양군 송포면인데 갑오甲午년 물난리에 고향을 등지고 발길 닿은 곳 길주땅에 자리잡고 가정을 이루었으니 남남북녀南男北女의 표본이었다.

이제와 생각하니 너무나 배타적이어서 타관사람을 괄시하던 곳에서 뿌리내려 자리잡은 고생이 오죽했을까, 늦게나마 짐작한다.

1955년 결혼 초 남편은 내게 함경도 여자가 저렇게 무르고 여려서 함경도답지가 않다고 했는데 한 30년 살다 그가 가고 난 다음 내게도 엄마의 피를 받아서 함경도 기질이 살아 있었던 모양이다. 어머니에게서 받은 반의 유전자의 효력을 톡톡히 보았다. 그리고 민들레처럼 살아 남을 수 있었다. 아버지가 교통의 요지에서 운수업을 했으니 나는 지금도 '자동차부집막내', '헤드라이트'라는 별명으로 불린다. 당시 자동차와 안경은 최신식 문화였다.

지금의 자강도인 혜산진은 삼수갑산三水甲山의 원목을 실어 나르는 지방문화의 집산지여서 5일장, 7일장이 열려 쌀, 콩, 명주, 삼베, 소고기. 사과, 배, 배중에서도 문배는 생각만 해도 군침이 돈다. 그 배로 담은 문배주, 사과로 만든 새콤달콤한 사과엿의 맛, 먹을 게 넘쳤던 고장이다.

일찍이 최남선崔南善의 ≪朝鮮유람가≫에 보면 두만강 동녘으로 옥저 옛땅 함북도의 금강이라는 칠보산七寶山에 안긴 길주벌이라 했다.

명태의 산지로 유명한 吉州, 明川 그 산더미처럼 잡아 올리던 어획량 어찌하고 지금은 못 먹어 부황 든단 말이 도저히 믿기지 않는다.

너무 흔해 거지에게도 명태 한 쾌(20마리) 선선히 건네주던 선심, 금강산투어에 이어 칠보산이 거론되는 땅, 海邊七邑(함흥, 홍원, 이원, 북청, 단천, 길주, 명천) 칠보가 지척인 고향 땅을 밤마다 그리며 가슴 부풀었는데 이제 그것마저도 가슴 속 깊이 묻어 두어야 하나보다. 생명이 다하는 날까지 망향가를 부르다부르다 지쳐 눈감은 선배들을 보내며 애별리고哀別離苦가 이다지도 아플 줄이야.

갈 수 없는 고향이기에 더욱 간절한 것이다.

굳은 살

세상이 끝날 듯이 울어댄다.

호야가 제 동생을 때려준 것이다. 황급히 달려와 아기를 안은 내 등뒤로 쪼르르 달려와서 고자질이다.

"할머니, 울면 바보지. 응 그치."

"그래 그래"하며 미워할 수도 야단칠 수도 없는 할머니는 아가에게 우유병을 물리며 달랜다,

세상 좋아졌다. 네 엄마 자랄 때는 우유를 유리병에 넣어 아침마다 배달해 주었다. 문득 2천 년을 살 차세대인 이 아이들의 미래를 상상해 본다.

나로서는 예측할 수 없는 다른 모습으로 세상은 바뀌어 갈 것이다. 그래도 맥주병이나 주스병 같은 것은 없어지지 않을지 모른다.

호야는 세 살바기 손자다. 여덟달 된 아우가 있어서인지 말을 아주 잘한다. 뿐만 아니라 27개월 된 아이치고 호기심과 의문이 너무 많다. 할러니, 할러니 하며 이것저것 질문이 많다. 말을 한다는 것은 인간이 자기 생각을 확인하는 행위라 한다. 귀찮도록 묻고 동의를 구하려 한다. 아우가 생기기 전까지 자기만의 세상이었는데 아우가 태어나면서 달라진 환경에 잔뜩 긴장한 것이다. 동생인 수야가 몹시 신경쓰이는 모양이다. 형제는 경쟁대상이라더니 장말 그런가 보다.

연년생 사내아이에게 시달리다 못한 엄마가 호야를 유아원에 보내기로 했다. 매일 아침 호야가 스쿨버스 타느라 한바탕 야단이다. 하루 이틀 지나는 사이에 친구도 사귀고 흥미도 있어 잘 적응해 나간다. 영어다 노래다 공작이다 한문이다 그 어린 것에게 가르치는 것도 많다. 가끔은 숙제도 해가야 한다. 어느날은 종이컵에 색칠하고 오려서 아주 소중한 보물처럼 들고 와서는 오징어다리 열 개라고 자랑이다. 난생 첫작품인 것이다. 그런데 한문숙제는 꼭 할머니하고 해야 된다며 떼를 쓴다. 내 어릴 때 사랑채에서 '하늘 천'하며 오빠들만 가르치시던 외할아버지 생각이 난다. 밖에서 돌아와 땀도 식기 전에 공부하자고 책 들고 매달린다. 작은 스케치북에 한자 하나 붙여온 위에 덧쓰며 소리내어 읽는다. 그 앙징스러운 손을 잡아줄 때의 촉감, 그것은 오직 사랑이다.

생명 그 자체가 이것이 아니겠는가. 사랑이란 그것만으로 완전하고 고귀한 것이다. 나는 손자의 손을 잡아주며 우직하도록 미개했던 과거가 왜 자꾸 떠오르는 것일까. "계집애가 한자 공부는 해서 뭐해" 하시며 쫒던 근엄하신 모습의 외할아버지 생각이 난다. 호야가 '한 일一. 한 일壹'을 하며 고개를 갸우뚱하며 이상하다는 듯이 의문을 나타내 머뭇거린다. 그리고는 소리내 읽으며 따라하다가 제 등뒤에서 잡아준 손마디에 굳은살이 배겨 부드러운 살결을 건드려 아팠는지 화닥닥 돌아앉아 내 손을 가르키며 "할머니 아야야?" 하며 걱정스러운 얼굴로 묻는다. 언제나 "할머니 아파" 하며 병원놀이 하자는 호야가 정말 아픈 데를 발견하고는 놀라는 것이다. 그리고는 발뒤꿈치처럼 딱딱해진 중지 마디에 엎드려 입을 대고 "호"하며 "됐다"하고 일어난다.

문득 굳은살의 역사를 들려주고 싶어졌다. 2020년쯤엔 나는 없을 것이고 세상은 무섭도록 다르게 변할테지만 그래도 이거라도 읽으며 상상이라도 할 수 있게 말이다. 성큼 발 밑에 다가온 2천 년이란 괴물앞에 초조해졌는지 모른다. 창피해 할지도 모를 옛일들을 남기고 싶은 노파심에서인 것 같다.

호야에게 "고마워"하니 대뜸 "땡큐 유웰컴" 한다. 이제 영어로 하자는 것이다. 컴퓨터니 인터넷이니 하는 2010년까지 내가 산다면 이제 아이들과 이야기도 할 수 없는 세상이 올 것만 같아 섬뜩한 기분이 든다.

옛날옛날에 등사판이라는 것이 있었는데 지금 쓰고 있는 펜

대신 골필, 철필하는 쇠송곳 같은 펜으로 원고지에 글을 옮겨 쓰는 일을 하면서 생긴 자국이 중지에 생긴 딱딱한 부분이 되고 말았다. 키보드를 치면 될 텐데 왜 그랬을까, 머리를 갸우뚱할 것 같다.

등사기는 아마 지금 중학생도 잘 모르겠지. 복사기가 날로 크게 작게 원색으로까지 잘도 찍어내 주고 있다. 이 할머니가 대학생 때 그걸 매일 밤 어두운 등잔불 밑에서 써서 한 장에 20환식 받았다. 오자없이 써야 했기에 어깨가 뻐근할 정도로 힘들었던 기억이 아련한데 아마 그 탓으로인지 어깨가 비뚤어져 버렸다. 셀로판지 같은 유지였는데 한 자 한 자 힘주어 쓰다가 찢어지거나 잘못 쓰면 큰 일이었다. 요즘처럼 수정잉크나 펜이 있는 것도 아니고 잘못된 곳을 고쳐 볼라치면 뭉개져 버려 속일 재주가없어 애를 태웠다. 겨우 다 쓰고 나면 팔에 검은 잉크가 묻는 것을 예방하려고 팔걸이를 끼고 등사판에 한 장 한 장 밀어내며 복사를 하는 수동식 복사기를 등사기라 했다. 기술의 과도기에는 불편했던 일들이 빨리 소멸되어 버리게 된다.

그래도 등사기에 대한 기억은 꽤나 오랫동안 내게 있었다.

손에 시커멓게 묻고 옷에 여기저기 엉망으로 번졌던 것이 1960년쯤까지 계속되었다. 잘못 찍어 파지가 되는 날에는 어른들에게 얼마나 야단 맞았는지 모른다. 종이도 싯누런 파지 같았다. 모조지는 생각도 못했다. 중질지는 한 참 후에나 볼 수 있었다. 마카오 갱지가 수입되던 시대였으니까. 출판물이

홍수처럼 시시각각 나오고 있다. 아침 신문을 받으면 홍보지가 우르르 쏟아진다. 이제 손가락 마디에 굳은살이 배기도록 손으로 글을 쓰는 시대는 가고있다. 여기저기서 자판을 두드리며 원고 작성이다. 컴퓨터를 이용하고 있으니까.

호야가 엄마방 컴퓨터에 앉아 이것저것 만지면 아빠가 '이놈' 하고 쫓아버린다. 하지 말라니까 호야가 더 달라붙어 엄마 아빠를 방해한다. 생각다 못한 할머니가 1960년대 초에 외할아버지가 쓰시던 공병우 한글 타자기를 놔주고 아가꺼라고 했더니 좋아라 한다. 내가 글을 쓰거나 책을 읽으면 저도 공부한다고 다 낡은 타자기 앞에 앉아 폼을 잰다.

"아가도 공부할 거다"

좀은 조용해졌다. 아마 컴퓨터 치는 시늉을 하고 있는 중인가 보다.

나는 그때 15살 아이 였다

　1945년 8월10일 우리반 일본 친구들이 갑자기 없어졌다. 그들은 소련군침공으로 신변의 위험이 닥치자 잠적한 것이다. 당시 우대 받던 군부와 조선총독부 고급관리, 경찰간부, 재벌기업에 근무하던 사람들의 가족이였다. (당시 방학중이였는데,국경선이 위험해지자 민간인 북행열차가 운행되지 않고, 군수공장에 동원되었다)
　조선인들이 모르는 극비 정보에 재빨리 대처해 도망간 것이다.
　북위 38도선, 미국과 소련의 초긴장상태, 역전 광장을 메운 일본피난민, 소만국경 개척민들이 대학살에 쫓겨 온 사람, 집단자살을 피해 겨우 목숨을 건진 일본인, 함경북도 웅기 청진, 나진등, 소련군에게 잡히지 않으려 젊은 여자들은 머리 깎고 얼굴에 검뎅이칠을 했다. 소문은 날로 험악해만 갔다. 시내에서는 아이셋을 우물에 넣고 스스로 목숨을 끊었다는 일본부인 이야기.

그 때 나는 15살 여학생이 였다. 어느 날 역전광장에서 일본군이 무장해제하는 것도 보았다. 중대 발표가 있다며 라디오 앞에 모여 앉아 천황의 항복을 알리는 방송을 들으며 망언자실하던 겁에 질린 일본인들,

패전후에도 라디오로 치안은 유지되었다. 라디오가 전하는 것은 나라의 지상명령이라 굳게 믿고 있는 착한 일본인들이였다.

우리는 7월하순경부터 방공호 안에 들어 가지 않은 날이 거의 없을 정도로 함포사격과 B29공습은 밤낮으로 계속되었다. 사람이 죽는 것도 야전병원으로 실려가는 부상병도 보았다. 어깨에 구급낭 메고 방독마스크에 몬뻬바지와 죽창, 전시체제의 나날, 어떤 날은 건빵 한 봉지로 지내기도 했다.

우리 나라가 해방이 되었다는데 북쪽이 고향인 나는 오도가도 못하게 되었다. 역전엔 일본인 수용천막에서 전염병이 돌아 많은 아이들과 노인들이 죽어 나갔다. 만주에서 오느라 굶어 죽고, 아이가 많아 데리고 오다 앓어버리고 온 모정, 그 해 8월 10일에서 9월 15일 한달 사이에 나는 전쟁이라는 것을 원산에서 보았다.

소련군의 약탈과 습격에 희망도 미래도 없는 생활속에서 한가닥 힘이 되어 준 건 노래였다. 고급한 노래가 아닌 유행가,

지금 내가 기억하고 있는 것도 그 때 유행하던 노래다. 왜 그리 슬픈 노래였는지, 군가도 많았지만 서정적인 유행가로 서민들이 위로 받던 시대였다. 사람은 슬플 때 슬픈 노래를 부른다 한다.

옛날 유행가엔 품격이 있어 가만히 듣고 있노라면 눈물이 주르륵 흐른다. 노래의 힘에 스스로 놀랄 때 가 있다. 가요곡 속에서 볼 수 있는 서민의 마음, 우리는 정이 많은 민족이어서인지, 아니면 고난의 세월을 살아서인지, 슬픈노래를 좋아한다. 그래서 가요는 보통사람들의 정서가 응축 된 문화유산이라 할수 있다.

그 후 일본인들이 38선을 넘어 고국으로 돌아가 -내가 넘은 38선 - 을 후지하라 데이(藤原貞)가 쓴 주부의 수기 원 제목은 - 흐르는 별은 살아 았다 - 가 패전으로 자신을 잃은 일본인들의 가슴을 눈물로 적시며 수십만부가 팔려 나갔다. 그것이 우리나라에 들어 온 것은 6·25로 3·8선을 넘어 온 실향민들에게 읽히면서 한국어 번역본이 많이 팔렸다. 지금 생각해 보면 왜 우리나라 작가들의 피난애화의 작품이 없었는가 아쉬움만 남는다 그 절박한 상황에서 어느 어머니의 애원에 가까운 노래가 한가닥 빛처럼 흘러나왔다 .나라가 패망한 그 참담함이 한숨이 되어.

오데데 쓰나이데 민나데 나까요꾸 가에리마쇼(손에 손 잡고 우리 모두 사이좋게 돌아갑시다, 가마귀와 함께 돌아갑시다.)

가 눈물로 범벅이 되자 어디선가 나직히 들려 온 노래, 다레가 고교오오 오모와 자루(누가 고향을 생각하지 않으리오) 나, 소주야곡蘇州夜曲.

그것은 1939년 동보영화사의 －시나노 요루(支那 夜)－ 영화로 대 히트한 가수 리코오란(李香蘭, 일본이름 야마구치 도시코 山口淑子)의 노래였다. － 시나 － 란 지금의 중국을 말한다. 언니 오빠들에게 들어 알고 있는 노래가 들려오자 고향에 가지 못하는 설음에 나도 함께 울었다. 순진했던 어린 시절의 아련한 추억이다.

그 노래는 일본 근대문학의 거두인 사이죠오 야소오(西條八十1892-1970)가 공자의묘가 있는 소주를 노래말로 쓴 시고, 또 하나는, － 누가 고향을 생각하지 않으리오 － 와 같이 발표한 것이 1939년작이 였다.

거의 같은 시기에 키타하라 하크슈우(北原白秋1885~1942)와 함께 일본 가요사에 금자탑을 이룬 시성詩聖들이 지은 시들이 애송愛頌보다는 애창愛唱되어 100년이 지난 오늘도 불려지고 있다.

시보다 노래의 생명이 길다고 느낄 때 가 많다.

유행가는 힘 없는 서민들과 함께 언제 언제까지나 이어 질 것이다.

고향집으로 돌아 가지 못하는 나날들 나의 고향가는 열차는 1945년 9월 14일 겨우 얻어 탄 무개화차, 당시는 석탄을 때는 때라서 기관사 옆에 화부가 같이 앉았다. 늙은 할아버지 같은 화부아저씨의 도움으로 청진, 삼수 갑산, 길주로 가는 친구 셋이 이틀 걸려 도착한 고향역, 그곳도 피난민들로 어수선한데 - 울밑에 선 봉선화야 네 모양이 처량하다, 아리랑, 동해물과 백두산이, 역마차에 태극기 날리며, 돌아오네 돌아오네 슬픔과 환희의 감격적인 장면도 무수히 보았다. 세상적으로는 저속하다 하는 유행가나 가요곡속에는 우리 서민들의 서정적 애환이 살아 이어지고 있다.

내가 받은 일본교육 이름도 모국어도 빼앗기고 국어상용國語常用이라는 구호아래 - 꿈도 일본어로 꿉시다 - 했던 어린 가슴에 환희 인지 절망인지 나는 울고 또 울었다. 요즘도 대시인들과 명콤비 작곡가인 고가 마사오((古賀政男)의 만도린 연주가 흐르면 눈물이 나려 한다. 순수했던 어린날이 가슴속에 담겨 있어, 미안하고 부끄럽지만 그 노래 가 흐르면 향수를 느끼는 것은 불행하고 슬픈일이나 굳이 부정하고 싶지는 않다.

어린날 문화체험이 이렇게 한 평생 갈 줄 누가 알았겠는가.

고향집에 돌아가 처음 본 태국기와, 장판지처럼 누렇게 찌든 - 조선말 독본 -.

어머니가 징병 징용으로 멀리 떠난 자식 걱정 사기느라 바느질하며 부르시던 새야 새야 파랑새야 나, 명사십리 해당화는 내 가슴 한구석에 바위가 되었다. 시가 아니고 구성진 수심가가락이 였기에 더욱 그랬던 것 같다.

지금 우리가요, 작곡은 모르지만 가사가 약한 것 같은 느낌이 많다. 노래는 사람들 마음을 정화시키는 힘을 가지고 있다. 날로 매 말라가는 현대, 우리는 정情의 민족이다.

대중가요는 시대를 반영한다. 지금 우리의 노래가 국적도 시어의 전달도 엉망인채 어디로 가고 있는지 모른다. 시인들이여, 고운 노래말을 많이 써서 국민정서도 순화하고 로열티도 받는 다면 일석이조가 아니 겠는가. 노랫말 저작권은 사후 50년이라는데….

책 선물
할머니는 천재
파리와의 전쟁
곰인형
목간하자
개미의 하나님
인생은 결코 짧지 않다
한 가닥 바람이 되어
왕고모

책 선물

만남의 장소를 커피숍이나 백화점에서 보다 광화문에 있는 큰 서점에서 만날 때가 있다.

어느 날 2시 지하1층, 정각에 도착했는데 친구는 아직 보이지 않는다.

그런데 요즘 책이 안 팔린다고 하는데 웬 사람이 이렇게 많은지 시장 바닥 같다. 자고 나면 새 책들이 쏟아져 나오는데 놀란다. 서점들은 책이 안 팔린다고 야단이니 알다가도 모를 일이다. 친구 찾아 목을 빼고 두리번 거린다.

들어오는 입구 쪽 계단 옆에 슈퍼마켓 세일 때 처럼 책이 많이 쌓여 있고, 그 책의 저자가 3시에 나와서 싸인을 해 준다는 광고판과 작가의 상반신 사진도 함께 붙어 있다. 나는 별로 좋아하는 작가가 아니여서 뒤돌아서는데 싸인회 기다리는 행열은 벌써 1층 계단위까지 꼬리를 물고 서 있다. 그래도 친구는 나타나지 않고 있다.

그녀는 외출 준비하는데 두시간은 족히 꾸물대야 한다는 걸 알면서도 혹시나 하며 서성이다가 핸드폰을 열어보며 문자라도 왔나 확인하며 걸어 가고 있는데 뒤쪽에서 갑자기 박수소리와 함께 시끄럽다. 아까 그 입구쪽 행사장에 출판사 편집자와 작가가 나타난 것이다. 책을 쌓아 놓은 옆 하얀 테이블에 안내된 작가는 가슴에 꽃을 달고 체크무늬의 댄디스타일로 머리는 더부룩하고 수염은 꺼칠해 보인다.

뒤쪽에서 누군가가 큰소리로 사진보다 실물이 더 멋있다 하는 소리가 들린다.

주체자인 편집자가 싸인회 시작을 알리며 주의사항, 이어 작가에게 마이크를 넘긴다.

작가는 허스키한 소리로, "감사합니다."오늘 싸인회는 사진촬영도 악수도 다 좋습니다. 모처럼 오셨으니까 즐거운 시간되시기 바랍니다. 하고 자리에 앉은 작가는 많은 사람앞이 어색한지 얼굴이 벌개지며 머리를 수그린채 굵은 펜으로 싸인을 한다.

박수와 함성이 터지며 너무 시끄럽지만 이런것도 괜찮겠다는 생각을 잠시 하고 있었다. 한사람 한사람 악수와 폰카메라에 담느라 야단이다. 책 내용도 재미 있어 잘 팔리고 이런 이벤트도 한다면 나쁘지는 않을 것 같다는 생각을 하고 있는데 저편 긴 줄 속에 친구가 서서 차례를 기다리고 있지 않은가, 서로 눈이 마주치자 손을 들어 인사하고 비켜 서서 바라보았다. 얼마 후 차례가 되자 친구는 작가와 악수하며 뭔가를 이야기하는 것 을 쭉 지켜보고 있었는데 친구는 내게로 다가와서 지금 막 싸인 받은 책을 웃으며 내민다. 약속시간 전에 왔는데 좋아하는 작가라서 줄을 서서 기다려 미안하다며 나에게 덥석 안겨주는 것이다.

포장도 안 한 책을 받아들고 첫 장을 열자,

- ○○○에게 love - 그 밑에 작가의 싸인이다.
- 아까 작가와 무슨 말을 했어 -
- 어떤 친구인가 - 물었어 그러면서.
- 나이 드신 분이 친구에게 책 선물하는 것이 좋아보입니다

나는 오늘 만남의 장소를 서점으로 한 것은 참 잘한 일이라 생각했다. 우리처럼 나이 많은 사람들이 친구에게 책 선물하는 사람이 별로 없는 모양이다.

친구와 나는 밖으로 나와 싸아 - 한 거리를 한 30분 걸었다. 모두가 어디로 가고 있는지 바람처럼 스치고 지나간다. 점심시간이 지나서인지 식당도 좀 한가해진 것 같아서 좋았다. 따뜻한 국물이 있는 것으로 시켜 놓고 기다리고 있는데 시커먼 남자 손님 둘이 우리 곁을 지나며 아까 받은 책 선물을 툭쳐서 떨어뜨렸다. 사람도 없는 식당에 들어오면서 웬일인가, 코트 자락으로 휩쓸고 지나가 버렸다. 더욱 화가 난 것은 - 미안합

니다 - 하고 주워 올려 놔야하지 않는가, 힐끗 뒤 돌아보고 저편 테이블에 가 털석 앉는다.

그 무례함에 말을 잊고 어리둥절한 표정으로 있자, 음식 가지고 온 아가씨가 걱정스로운듯 우리에게 웬일이냐 묻자, 친구는 씁쓰레한 표정으로 - 아무것도 아니예요 - 하고 말았다.

좀 전까지 우리는 어린애마냥 즐겁고 행복했는데 식탁에 따뜻한 국물은 다 식어버리고 늦은 점심을 먹는둥 마는둥하고 일어서 나왔다.

친구와 내가 신경이 날카로워서인지, 남자 손님의 무례에 화가 나 기분은 좋지 않았다.

지하철역까지 걸어오면서 우리는 아무말도 하지 않았다.

그래도 오늘 친구와의 데이트는 기분 좋았다. 내게 책 선물해주는 친구가 있다는 것이 얼마나 좋은가, 책이란 것은 마치 거울과 같아서 읽는 사람의 마음속까지 비추어주는 힘이 있다. 좋아하는 책이라면 언제까지나 읽고 싶지 않은가, 돌아오는 전철안에서 다시 한번 책을 열어 love를 보며 혼자 빙그레 웃었다.

할머니는 천재

 집에서 삼십 분 쯤 차로 달려 농장입구에 진입하려면 어디선가 닭과 오리가 우루루 모여들고 부자대신 개가 멍멍거리며 방목하고 있는 짐승들이 손님을 맞이한다. 한가로운 어느 시골풍경과 다를 바 없다. 길가엔 파란 벼가 작열하는 햇빛아래 살랑거린다.
 봉선화, 꽈리, 접시, 금잔화도 있고 과수도 많아 주말마다 애들과 같이 간다. 몇 년 되었는데도 농사가 서툴러서 옆집들보다 시원치가 않다.
 그래도 초등학교 일학년된 맏손자는 그림일기에 파종하고 싹트고 토마토, 고추, 가지 따고 감자 캐는 이야기 적으며 신나한다.
 농사는 정성들인 만큼 결실로 나타난다. 내 인생에 있어 대표적 결실은 딸이었고 어느새 전문직업인이 되고 결혼해 두 아들을 낳아 내게 선물로 안겨주었다.

윤호(7), 민수(5), 두놈에게 텃밭에서 그것을 가르친 셈이다.

그런데 나는 농사보다 봉선화가 좋아 따라다닌다. 울밑에선 봉선화가 떠오르며 손주녀석들에게 꽃이름 나무이름 일러주며 흙을 밟는 시간은 행복이다.

우리들 민중의 노래가 되어버린 봉선화 민족수난사가 떠오르는 그 꽃을 이제 보기가 힘들어졌다.

무더운 한여름 밤 모기장 속에서 손톱[爪紅]에 묶어주던 언니 생각.

백반 구하느라 수선 떨던 우리 자매, 너무 칭칭감아 아팠지만 아침이면 붉으레하다가 2·3일 지나면 곱게 물들어 지금의 메니큐어보다 은은했다.

원산지가 중국 남부인 鳳仙花 꽃말은 -나를 만지지 마오-라 한다.

요즘 손주녀석들을 통해 많은 걸 배우고 느끼면서 시간가는 줄 모른다.

잘싸우는 연년생 동생이 형을 약올릴 때
-형아는 바보 할머니는 천재 메롱-
아직까지는 제가 묻는 걸 다 대답해 주는 할머니가 제일인 모양이다.

얼마전에 갔던 오끼나와 봉선화(데인사꾸)꽃으로 손톱에 물들이고 잠수하면 재난을 막아준다는 전설과 구전요가 전해 오고 있었다.

부모 은공 가슴에 새기며 봉선화 물들이고 교훈적인 노래말은 고난을 이겨낸 오끼나와인의 서정이었다.

우리의 독립운동가로 이어진 사연과도 무관하지 않은 것 같다.

나는 요즘 무척 바빠졌다. 두 놈 기대에 어긋나지 않게 천재 소리 들으려고 들꽃이름을 외우고 있다.

오늘은 우리집 개구쟁이들에게 봉선화 꽃잎 따다 손톱 물들이기나 해주어야겠다.

파리와의 전쟁

 흑백사진 같은 내 고향(함경북도 길주)의 여름은 파리와의 전쟁이었다. 70년 전 시골집을 생각하면 파리 모기소리, 가을이 가까워 오면 극성스럽게 울어대던 매미소리, 한평생 울 걸 다 울어버리듯 너무 시끄럽던 매미 소리, 옛날 집엔 덧창이라는 것이 있었는데 가끔 나무로 된 문틈에 와 귀가 따갑도록 울어댔다.
 어쩌다 낮잠이라도 잘라치면 파리 모기의 앵앵거리는 소리와 매미의 애달픈 소리의 여운이 메아리처럼 여울져 잠에서 깨어나도 그 소리가 귓가를 맴돌고 있었다.
 외할머니는 손에 부채와 파리채를 들고 사셨고, 밤마다 저녁이 되면 모기향을 피워주시고, 모기장 속에 빨리 들어가라 잔소리한 것도 외할머니였다. 어머니는 무남독녀였는데 육남

매를 두셔서 우리 형제들은 더 큰 사랑을 받으며 자란 것 같다.

1940년경은 어느 집에서나 백열등 아래 파리가 모여들어 윙윙 거리며 돌아다녔다. 그걸 잡으려고 누런 끈끈이 풀을 길게 매달아 파리, 모기, 하루살이, 날파리가 신나게 날아다니다가 붙게 하려 함에서였다. 며칠 지나 보면 꽤나 많이 붙어 있었다.

그밖에 파리 소탕에 한몫 했던 파리통이라는 유리로 된 것이 있었는데, 마치 러시아 정교회, 크레믈린궁 꼭대기모양 양파, 통마늘처럼 생긴 파리를 사냥하는 유리통이다. 아래쪽 세 곳에 거북이 발처럼 생긴 받침꼭지가 붙어 있어 넘어지지 않게 되어 있고 밑이 훤히 뚫려 있어 주먹이 들어 갈만했고, 운두는 얕지 않아서 물을 담으면 엎질러지지 않게 되어 있었다.

여기다가 비눗물을 풀어 넣고 구멍 아래 비린내 나는 생선 가시를 놓아 파리를 유혹하게 된 말하자면 파리박멸기였다. 멋모르고 들어갔다가 빠져 나오지 못하고 몸부림치다 비눗물에 빠져죽게 된다. 유리로 되어 있어 환히 들여다 볼 수 있는 파리 잡는 여름에 없어서는 안 될 필수품이다.

그런데 어느 날 생선 비린내 때문인지 고양이가 먹이를 노리다가 사고를 치고 만 것이다. 파리통을 밀치다가 깨어버린 것이다. 파리통은 아무때나 살 수가 없었다. 우리 마을에 5일장이 서는 날이라야 살 수 있어서 어머니에게 크게 야단맞았다. 고양이라는 동물이 무엇을 아는지 몰라도 며칠 밥을 주어도 잘 먹지 않고 구석에서 나오지 않아서 오히려 어머니를 속상하게 했던 일이 있다.

어느 여름날 오빠들과 남대천을 지나 모호에 있는 외가에 가는 길에 참외 서리를 하다가 들킨 일이 있다. 신나게 따고 있는데 원두막에서 지키고 있던 할아버지의 큰 기침소리에 놀라 도망치다 잡히고 만 것이다.

잔뜩 겁먹은 우리를 야단치지 않고 한 아름 안겨 주던 할아버지의 구부정한 뒷모습, 그 때 우리가 먹었던 참외는 배추색 얼룩무늬를 한 개구리참외였는데 속이 연한 주황색이었다.

1993년 백두산 가는 길에 참으로 오랜만에 옛날 개구리참외를 만난 것이다. 금방 밭에서 따다 놓은 참외가 길가에 수북이 쌓여 있었다. 천리타향에 봉고인이라 옛친구 만난 듯이 너무 기뻐 눈물이 날 것 같았다. 추억으로 남은 고향 맛은 한평생 가는 모양이다.

고향집 마당에 텃밭이 있어 옥수수, 완두콩, 상추, 무, 배추에 철따라 나비가 날아왔고, 광 옆엔 어른들이 허리 굽혀 물 푸던 박우물이 있어 여름에는 냉장고가 되어 주었다. 그 우물에 수박, 참외, 오이를 삼베 실로 짠 망태에 넣어 띄워 두었다가 식구들이 다 모이는 저녁에 마당에 모깃불 피워 놓고 큰 쟁반에 수박을 썰어 마루에 내 놓으면 언니 오빠들은 모두 눈을 크게 뜨고 어느 것이 더 큰가 하며 잽싸게 골라 갔다. 언제나 꾸물대는 막내인 나를 챙겨준 것은 큰언니였다. 형제가 많아서인지 우리는 먹을 걸 놓고 잘 그랬던 것 같다. 옥수수 한 소쿠리를 쪄내 놓아도 어느 것이 더 큰가를… 그 경쟁심으로 사회를 살아갈 수 있는 힘을 키운 것 같다.

식구가 많은 우리 집은 조용할 날이 없었다. 가끔 손님이 오시면 꿀물에 미숫가루 탄 걸 우리도 얻어 마실 수 있었다. 여름 대발이 바람을 가르는 소리, 창호지마다 침 발라 자기 자국 내던 장난질 등, 눈감으면 안개처럼 피어오르는 그 날 그때가 그림처럼 스쳐 지나간다. 이제 살아서 갈 수 없는 고향이기에 더욱 그리운 것, 그래서 나는 흑백사진 같은 어린 날을 이렇게 기억해 내고 있는지 모른다.

곰인형

 손자가 졸업여행을 간다고 한다. 새해에 중학생이 되는 손자다. 그런데 곰인형이 문제다. 아주 오래되어 낡은 곰인형을 만지며 자는 버릇이 있다. 가족이 2, 3일 여행할 때도 곰인형과 베개를 가지고 간다. 너무 낡아서 옷을 갈아입히려 해도 머리를 흔들며 싫다 한다. 이번에 그 버릇을 고치려고 엄마는 벌써부터 벼르고 있다.

 친구들에게 창피해서라도 고쳐지기를 바라는 엄마의 마음을 아는지 모르는지.

 그런데 돌이켜보면 내게도 한 70년 전 천의포대기의 아련한 추억이 있다. 유치원 어느 추운 겨울 날 외할머니가 남대천 다리께 마중 나와 나를 기다리다가 포대기에 업혔을 때 할머니 머리에서 나던 동백기름 냄새, 매서운 추위, 그천의포대기를 열 살 넘어서도 끌고 다녔다. 어린 아기가 엄마 품에 안겨 잠든 모습은 그대로가 평화다. 그 포근함은 모든 사람들의 영원한 요람이다.

지금 40넘은 딸도 네댓 살 때 가지고 놀던 인형이나 베개를 열 살 넘을 때까지 끼고 다녔다. 시집 가 낳은 연년생 사내아이 둘이 엄마처럼 곰인형이 너무 오래되어서 너덜너덜해졌는데도 버리지 못하고 안고 잔다. 엄마에게서 떨어진다는 허전함에서인지, 나와 딸, 그리고 손자 3대로 이어 온 것이다.

모태 이탈 불안을 그것으로 대리 만족하려 함에서라 한다. 졸업여행에서 돌아온 손자가 곰인형이 창피했던지 강아지를 사달라고 조른다. 달라진 심경의 변화로 대체물이 강아지가 된 것이다. 아토피가 있어 절대 불가능한 것을 요구한다. 조금씩 변해가려나 보다.

어떤 책에서 보니까 '영국의 수상 처칠의 곰인형'이란 화보를 본 일이 있다. 서양에서는 오래된 유명인들의 어린 날 장난감 곰인형 같은 것을 전시하는 데가 있다. 오래된 것에 대한 의미 부여로 고스란히 수집해 간직한 것들이다.

공동시설 같은 데서 유아기에 엄마의 품에 안겨 보지 못하고 자란 아기의 불안과 공포가 성격형성에 크게 영향을 준다고 한다. 엄마가 가슴으로 안아 주는 스킨십에서 쾌감과 함께 암흑 속에서 구출 받은 것 같은 안도와 평안을 만끽한다니 얼마나 중요한가를 알 수 있다. 아기고양이가 어미고양이의 새하얀 배에 얼굴을 파묻고 야웅거리는 걸 보면 나도 모르게 미소 지어지며 그렇게 하고 싶어진다, 양지 바른 마루 끝에 길게 누운 고양이, 햇빛에 반사되어 뿜어내는 독특한 노린내와 함께 고양이 일가의 지복의 순간을 옛 고향집에서 보았다.

나는 아침마다 잠자리에서 한 10분쯤 꾸물대며 뜸을 들이다가 일어난다. 그것은 아마 어린 날 어머니에게서 받은 안온함을 뿌리치고 일어나기 싫어서인 것 같다. 그런 것이 유아본능이 아닐까.

겨울철이 되면 마루 끝 양지바른 곳에서 졸고 있던 고양이가 털실만 보면 갖고 놀던 어린 시절이 눈에 선하다. 큰언니는 505털실로 목도리, 모자, 양말, 속바지, 스웨터, 장갑 등 손뜨개질로 나를 춥지 않게해 주었다.

1940년 경 추운지방이여서인지 어느 집에서나 털옷을 많이 입었다. 조금 작아지거나 해지면 풀어서 재생했다. 화롯불 위 주전자에서 하얀 김이 나기 시작하면 꼬불꼬불한 털실을 한 쪽으로 넣어 아구리로 통과시키면 새 실처럼 재생되어 새 옷이 되곤 했다. 그 털실의 촉감 때문인지 언제나 옆에는 고양이가 있었다.

큰언니는 솜씨가 좋아서 겨울에는 식구들의 옷을, 여름에는 이불보, 횃대보, 경대보, 화병받침 등 손에 굳은살이 배기도록 짜 냈다. 그 때 여자들은 무엇이든 밑에 받침을 까는 것을 좋아했다. 큰언니는 얌전했는데 둘째언니는 좀 왈가닥이었다. 나는 책을 보면 으슥한 골방으로 갔다.

자수솜씨가 좋아 남의 혼수준비까지 해주던 큰언니 생각을 많이 하게 된다.

1999년 아이들 큰아빠가 러시아 갔던 기념으로 사다준 마드류시카(목인형), 여섯 겹으로 된 소녀인형, 수복강령을 비는 뜻이 담겨 있다 한다. 그후 내가 이르크츠크에서 본 사회주의가 무너진 러시아의 공원에서 만난 노동자, 회사원, 상인 할 것 없이 이구동성으로 옐친을 욕하고 있다. "그럼 옛날 공산주의로 돌아가지"하면 "사회주의란 것은 의타심만 키워줘서 모두 게으름뱅이 거지꼴이 되고 말았지. 이제 어떤 상황이 와도 사회주의로 돌아가지 않아요, 그것은 정말이지요. 이르크츠크에 아직 레닌 동상이 서 있지 않아요." 하자 "스탈린 동상은 하루아침에 단두대의 고철로 돌아가 버렸지요. 그런데 레닌 동상은 왜 그냥 놔두는 거지요. 저것마저 없애버리면 또 다른 동상이 설 거니까 그냥 놔두는 거지"하고 만다.

거리의 노점상에 진열되어 있는 마드류시카는 이제 예쁜 소녀보다 무시무시했던 위정자들의 얼굴이다. 겉에 옐친, 두번째가 고르바초프, 브레지네프, 후르시초프, 스탈린, 레닌, 마지막 일곱 번째가 프친이다. 이 계보는 하나의 웃음거리가 되어 버렸다.

사회주의 몰락은 기념품 인형이 되어 세계로 팔려 나가고 있다. 나는 아직도 여행선물로 곰인형을 사려고 기웃거린다.

그런데 그것들은 세계 어디서 사든 모두가 중국제여서 그들의 저력을 확인할 수 있다. 요즘 중학생이 된 손자가 코 밑이 거뭇거뭇 사나이 징후가 나타나기 시작하더니 곰인형 타령이 좀 덜해졌다. 어른이 되어가는 모양이다.

동생방에 가보면 어젯밤에 안고 잔 곰인형들이 베개를 베고 있다. 아빠곰, 엄마곰, 아기곰인 것이다. 나는 빙그레 웃으며 방문을 닫는다. 머지않아 곰인형 선물은 끝날 것 같다.

방학 때면 할머니집에 와 나를 기쁘게 해 주는 작은손자가 가방에 곰인형과 숙제거리를 챙겨가지고 온다. 곰인형을 안고 자는 베개옆에 책이 있는 내 침대에 누우며 하는 말이, "할머니는 책 안고 자"한다. 먼 훗날 책을 좋아하는 할머니로 기억할 것 같아 기분이 좋다.

목간하자

 아버지가 날 부르는 소리다. 나는 6남매의 막내인데 엄부자모라지만 나에게만은 정말 자상한 아버지였다. 씻어주고 손톱 발톱 연필 깎아 주는 것은 언제나 아버지였다.
 긴 마루끝에서 좀 돌아가면 목욕하는 데가 있는 우리 집이다. 목욕할 물을 군불로 데워서 유리창은 뿌옇게 서렸었고 문을 열고 들어서면 앞이 보이지 않았다. 미리 따뜻하게 준비해 최상의 상태가 되면 첫 번째로 아버지가 들어가시며 언제나 나를 안고 들어갔다.
 목욕탕은 큰 무쇠솥인데 마치 군인들의 철모를 뒤집어놓은 것 같은 것에 밖에서 불을 때 데우게 되어 있었다. 탕에 들어가려면 큰 솥뚜껑 같은 나무판대기를 물위에 띄어놓고 그것을 발로 밟고 들어갔다. 이 때 균형을 잘 잡아야지 뜨거운 쇠솥에

살이 닿으면 화상을 입을 정도였다. 처음엔 뜨겁지만 물속에 몸을 담그고 있노라면 우유빛 김이 서려 구름 속에 앉은 것 같았다. 그때 아버지는 나에게 옛날이야기를 해주시며 나를 진정시켰다. 지금의 스킨십이었다.

5, 6살때까지 나는 그렇게 목간(목욕)을 하면서 남자의 나신을 아버지에게서 보며 자랐다. 그리고 오빠 셋, 그 친구들이 집에 들락거리며 나를 귀여워 해주어서인지, 남자를 두려워하지 않게 되었다. 그것이 후에 결혼에도 크게 영향을 준 것이다.

70년 전 고향집 긴 마루 유리창, 양지 바른 곳에서 나는 혼자놀기를 좋아하는 아이였다. 글을 읽을 수 있게 되면서부터는 그림책이나 동화책만 보면 으슥한 다락방으로 들어가 버렸다. 그리고 음치인 내가 목간하며 유리창에 입을 대고 노래하면서, 참 잘 부른다고 착각한 것도 웃음나는 옛 추억이다. 그러한 유년의 추억이 이제 삶의 끝자락이 가까워 오자 보랏빛 연기처럼 피어오르며 왈칵 그리워진다.

1940년 무렵 목욕탕에서 쓰던 비누, 가오오셋겡(얼굴비누) 세수비누와 라이온치약齒磨粉 가루치약의 향이 지금 내 코끝에 다시 재생되어 살아나고 있다. 추억은 그저 아름답다.

초등학교 들어가서야 대중목욕탕에 처음 수건 두르고 들어갔다. 돈 받는 데가 입구에 있고, '남탕 여탕' 표시된 문에 발이 쳐져 있는데 밀고 안으로 들어가면 한쪽 벽엔 극장포스터 같은 촌스러운 페인트칠한 그림이 있고, 맞은편 벽엔 큰 거울이 있었다. 그리고 들어올 때 돈 내고 받은 표의 번호를 찾아 옷장에 옷을 넣고 나면 가운데 긴 의자가 있었다. 탕에 언니를 따라 들어가면 큰 탕 둘레에 걸터 앉게 되어 있고 나무로 된 물바가지가 좀 무거웠던 기억이 있다.

남탕과 여탕은 칸막이로 막혔지만 천정은 뚫려서 하얀 김이 오고 갔는데 남탕에서는 언제나 어른들의 노래가락 같은 소리가 들려 왔다. 뜨거운 걸 참느라고 그랬는지, 천자문을 수심가 가락에 실어 읽는다든지, 시골 장터나 복덕방 어른들이 흥얼거리는 노래가락들이었는데, 물이 뜨거우면 그것을 참아내느라 더 큰소리로 부르곤 했다.

혼자 아버지에게 안겨 하던 독탕에서 대중탕에 가니 더럽다고 느낄 때가 많았다. 어쩌다가 일본여자들이 들어오면 더럽다고 탕 안에 들어가지 않고, 서서 샤워하듯 물을 끼얹고 나가면서 저희들끼리 기타나이(불결하다)라고 쑤근대는 걸 보았다. 그 당시는 중국이나 한국은 야만국 취급을 했다. 일본도 명치유신 전엔 미개했는데 명치유신으로 근대화 되면서 온 국민을 계도한 탓에 우리보다 앞섰던 것이다.

어떤 책에서, 일본의 요미우리신문 창간사에 실렸던 글을 보았다. 2007년은 문예춘추 창간 85주년이다. 85년 전 아녀자교육에 중점을 두어, 한자 고어투성이 남성위주의 활자문화에서 아녀자가 쉽게 읽을 수 있도록 해야 국민정신을 계몽할 수 있다고 한 절박한 내용이었다. 1890년대 비위생적인 생활

습관으로 일본어린이 사망률이 높아지자 여성들의 정신문화 계몽으로 국민전체가 개명하는 것이 우선이었다. 일본은 중국이나 한국보다 습도가 많은 섬나라로, 황사의 영향도 없어서 먼지가 그다지 많지 않다. 그들의 풍토는 습도 때문에 하루에도 몇 번씩 물로 헹구어야 견딜 수가 있게 되어 있다. 그것으로 청결하다고 생각하여 우리를 깔보는 것이다. 목욕은 종교의식이다. 목욕재계는 몸도 마음도 정결해야 한다는 뜻을 담고 있다. 생각해 보면 중국은 건조성기후로 땀이 끈적거릴 사이 없이 바람에 날아가 버려 목욕 같은 것을 자주 안해도 된다. 중국 옷은 일년에 단벌로 견디기도 하는 국민성과 연관해서 재미있게 비교해 보면 좋다. 우리는 중간쯤이어서 큰 명절 때 몸도 마음도 깨끗이 하고 조상이나 어른을 대하라는 뜻을 담고 있다.

　나는 어린 날 고향집에서 － 목간하자 －하시던 아버지의 음성을 오늘밤 꿈길에서 찾아보려 한다.

개미의 하나님

 네 살된 손자는 개미를 아주 싫어한다. 손잡고 동네 공원을 돌다가 아이들이 떨어뜨린 과자에 새까맣게 달라붙은 개미떼를 보게 될 때면 징그럽다고 자지러진다.
 그런데 개미는 부지런한 벌레이다.
 "할러니, 개미가 뭐하는 거야?"
 "일하는 거란다. 추운 겨울에 먹을 맘마를 준비하는 거야."
 부지런할 뿐만 아니라 단체생활에도 잘 훈련되어 서로 예의를 지킬 줄 아는 슬기로운 곤충이다.
 그들의 준비성이 대단하다.
 다른 동물들은 편히 쉬고 놀며 지내는 무더운 여름철에도 뜨거운 햇볕 아래 불같이 달아버린 흙이나 돌 위를 고물고물 기어다니며 눈오는 겨울에 먹을 양식 준비를 하느라 정신이 없다.

이렇게 부지런히 저축해 놓는 것은 눈보라치는 겨울에 가족들과 따뜻하게 모여 앉아 먹기 위한 양식이라서 서로가 협력하고 아껴둔다.

남의 것을 훔치거나 넘보는 개미는 한 마리도 없다. 개미사회에서는 우리 인간사회처럼 험한 도둑놈 같은 것은 없다.

그러니까 서로 싸우거나 트집을 잡는 폭력배도 없다. 이것은 개미들 자신이 착하고 정직한 때문이기도 하지만 이유는 또 하나 있다. 그것은 해바라기라는 개미들의 하나님이 있기 때문이다.

타는 듯한 뙤약볕에 시원한 잎사귀를 활짝 펴 너울거리며 둥근꽃이 태양을 따라 돌다가 조용히 굽어보는 모습, 이 거룩한 꽃나무가 그들의 하나님인 것이다.

아빠개미와 엄마개미는 아기개미들을 모아 놓고 일러준다.

"너희들 잘 들어. 해바라기님은 우리의 하나님이고 무당님이시란다. 착한 일을 하는 개미에게는 상을 주시고 나쁜 일을 하는 개미한테는 벌을 내리신다. 한평생 살면서 해바라기님의 은혜를 잊지 말고 옳고 바른 일을 하면서 살아가야 한다. 알겠니?" 하시는 것이었다.

듣고 있던 호야가 잔뜩 긴장한다.

"윤호야, 동생을 때리거나 싸우면 벌을 주신단다."

"할러니, 이제부터 민수 안 때릴 거야."

그래서 개미들은 해바라기를 하나님으로 모시면서 두려워하는 한편 정성껏 모시며 많은 제물도 바치곤 한다.

그런데 하루는 햇빛이 쨍쨍 쬐고 있는데 어디선가 커다란 매미 한마리가 날아오더니 해바라기 꼭대기에 앉아 꽃을 파먹는 게 아닌가.

그리고는 기분이 좋다는 듯 "맴… 맴… 매앰…" 하고 노래를 부르기 시작한다. 개미들은 크게 놀라 "저 놈을 가만둘 수 없다. 우리들의 하나님을 괴롭히고 있다. 우리 다 같이 힘을 합쳐 우리 하나님의 원수 매미를 쳐부수자."

"그래, 그래."

"우리 목숨을 걸고라도 싸워서 이겨야 한다. 자 다같이 앞으로 갓!" 개미대장의 소리에 많은 개미들이 해바라기 줄기에 기어올라가 새까맣게 포위를 하고 공격을 개시하여 매미를 붙잡아서 꽁꽁 묶어 놓았다.

개미대장은 잘록한 허리를 자주 흔들어 대면서 고함을 질렀다.

개미떼들을 열심히 보며 이야기를 듣던 호야는 징그럽다면서도 걸음을 멈추고 보더니 화닥닥 내품에 안긴다.

개미 우두머리가 앞서가는 것을 보고 자기한테 공격해 오는 줄 알고 겁에 질려 내 품에 안긴 것이다.

머리를 쓰다듬으니까 땀에 흠뻑 젖어 있다.

"할러니. 개미 어디 가?"

"엄마한테 가."

그 가느다란 허리로 제 몸 몇 배나 되는 먹이를 앞에 두 발로 높이 치켜들고 호야 앞으로 다가온다.

"엄마, 어디 있어?"

"집에 있지"

"할러니. 개미집이 어디야?"

징그럽지만 호기심이 생긴 모양이다.

해바라기꽃에 앉아 파먹고 있는 매미는 개미들에게 포위된 채 "맴… 맴… 매앰…"하며 푸득거린다.

가을이 성큼 다가온 것이다.

추운 겨울 가족들을 편히 지내게 하기 위하여 개미는 하루도 쉬지 않고 일하는 것이다.

호야는 작은 파리, 하루살이, 메뚜기 등을 아주 싫어한다.

유전인가 보다. 제 엄마가 어렸을 때 쌀벌레만 봐도 질겁을 하더니 모전자전인 모양이다.

호야엄마는 어렸을 때 개미와 베짱이 이야기를 들려주면 추운 겨울 베짱이가 배가 고파 개미집에 먹을 것을 얻으러 가는 장면에서는 언제나 울었다.

"엄마 베짱이가 불쌍해."

잠재우려 들려주다 울리고 마는 꼴이 되곤 했다.

개나 고양이, 소, 돼지, 닭 등은 무서워하지 않으면서 작은 것이 고물거리는 것은 아주 싫어하는 것이다.

네 살짜리 호야에게 개미와 베짱이를 어떻게 설명하면 좋을까.

개미의 부지런함과 준비성을 가르치고 싶은데 호야를 혼낼 양이면 식구들이 개미가 꼬추 문다고 공갈하는 탓에 오늘 개미가 자기를 공격하는 줄 알고 놀란 것이다.

한참 있더니 다시 묻기 시작한다.

"할러니, 개미 어디 가?"

"응, 개미엄마한테 밥 먹으러 가."

해바라기는 하나님도 아무것도 아니다. 봄에 싹이 나서 한여름을 살다가 가을이 되면 시들고 말라버리는 한낱 풀에 지나지 않지만 땀 흘리는 여름 개미들이 겨울준비하는데 큰 도움을 주니 개미들에겐 하나님 같을 수밖에 없다.

놀고만 지내는 게으름뱅이 매미의 하나님은 무엇일까 생각하고 있는데 호야가 갑자기 생각난 듯 "엄마한테 갈 거다" 하며 쪼르르 달려 간다.

아기의 하나님은 엄마일 테지. 암 그렇구 말구

인생은 결코 짧지 않다

 산에 오르면 여기 저기 돌무더기를 본다. 먼저 오른 이들의 정성이 하나하나 쌓여 있는 것이다.
 나도 돌멩이 하나 들어 아슬아슬하게 더 높은 곳에 마음을 담아 얹는다.
 인생을 산행이라 하고 복잡하고 재미있는 연극 같은 것이라고도 한다.
 맞는 말이다. 그런데 우리가 살고 있는 이 세상은 모순투성이다.
 모순이 없다면 인간역사가 없다할 만큼 우리들의 삶은 실수와 모순으로 점철된다.
 매사가 뜻대로 되는 일이 없다. 욕심이 지나치면 실패하게 되고 높은 데가 있으면 낮은 데가 있어 때로는 굴러 떨어지게 된다.

예측도 할 수 없었던 실패에 얼마나 많은 사람들이 당황하고 좌절하는가.

이 언덕을 오르며 그런 이들의 마음을 읽는다.

우리들은 어려움이 극에 달했을 때 자기 자신과 대치하게 된다. 자기 반성이라 할까. 말하자면 괴로움을 벗어나기 위하여 최후에 도달하게 되는 것은 어떤 형태이든 기도이다.

기도는 신과의 격의없는 만남이다.

가끔 실크로드 고비사막을 소개하는 것을 본다. 인생이란 탐험을 견뎌내는 것. 끝도 없는 망망한 사막, 초지草地라고는 보이지 않는 그곳을 말타고 가는 대상들, 저 언덕 너머 펼쳐질 한치 앞도 예측할 수 없는 극한 상황에서 인간은 기도밖에 아무것도 할 수 없었을 것이다.

언제나 그런 상상을 하며 산에 오른다.

고개마다 전신으로 빌었을 인간의 처절한 기도의 소리가 산에서 들려올 것 같다.

우리는 산이나 바다에 가면 해돋이나 일몰을 보고 싶어한다. 모두가 그 순간을 놓치지 않으려 한다. 그러나 실은 그 전 후 한 시간 정도 시시각각으로 달라지는 자연의 현상에 말을 잊는다.

나는 그런 상황을 사랑한다.

별은 어두울수록 더욱 빛나는 것, 희뿌연 여명을 잉태한 밤을 보내고 서서히 새날을 준비할 것이다.

아침 한 발 앞서 별이 총총한 밤 같은 새벽에 자욱한 안개숲을 가르며 맛보는 청정함이란 무엇으로도 표현하기 어려운 신비경이다.

낮에 활기를 다 앗아가버린 듯한 들판에 주저앉아 꺼져가는 노을의 여진을 보고 있노라면 나마저 어디론가 함몰되어버릴 것 같은 윤회를 경험한다.

어느 날 아침 꽤 어두운 새벽 산에 오르며 혼자 해돋이를 맞을 기대에 마음마저 가벼웠는데 벌써 산정은 떠들석하다.

라디오의 볼륨을 양껏 틀고서 악쓰듯 노래를 불러제끼는 젊은이, 아마 혼자라는 외로움이 싫어서겠지 하면서 기분은 좋지 않았다. 참으로 유감스러운 일이다.

이 청정한 새아침의 정기엔 새울음이나 밤의 저승을 헤치고 달려온 아침바람이 어울릴 텐데 말이다.

모든 것이 혼재混在 해야 사회와 연결되는 것 같아 안도하는 오늘의 젊은이들. 점점 세대간에 유리돼 가는 것 같은 개체를 연대의 끈으로 묶으려는 듯 어디 가나 시끄럽고 유난스럽고 자기현시적이다.

야단스러운 걸 싫어하는 것도 세대차 탓으로 돌린다.

인생을 한마디로 정의하기란 어렵다.

후회없는 삶을 살았노라는 사람 아직 없다. 대부분은 어물어물하는 사이에 훌렁 가버린 것이고, 어느 날 자신의 모습에 놀라 무엇하며 예까지 왔나 자탄한다.

재수 같은 것 할 수 없는 게 인생이다. 늦었다 생각지 말자. 언제나 현역이라는 자기인식이 중요하다. 결혼적령기를 말할 때 내가 시집가는 때가 적령기라 생각할 수 있지 않은가.

우리들은 스스로가 조로증에 걸려 헤어나지 못한다.

모두가 이 병에 걸리면 삶의 의욕이 반감하고 만다.

우리의 일생은 쓸 줄만 안다면 참으로 길고 의미있는 시간이 될 수 있다. 흔히들 예술은 길고 인생은 짧다 한다. 그래서인지 모두가 서두른다.

인생은 결코 짧은 것이 아니다.

주어진 시간을 낭비했기 때문에 깨닫는 순간 성큼 다가와 짧게 느껴질 뿐이다.

인생을 여행이라 한다. 여행하며 이것저것 닥치는 대로 욕심껏 산다면 결국 짐에 묶여 여행을 그르치고 마는 것과 인생은 같은 것이다.

취사선택의 묘를 살려야 한다는 말이다. 좋은 책으로 자양분을 섭취하는 것도 친구와 만나는 것도 뜻있는 일을 할 수 있는 것도 보람된 삶과 뜻있는 시간을 사는 법이라 한다.

우리의 주위에 한가한 사람은 하나도 없다.

어떤 외국인이 한국 인상기에 모두가 무엇에 쫓기듯 바쁘게 돌아가 활기있어 보이지만, 무엇인가 문제가 있는 듯하다고 했다.

왜 이리 서두를까.

진정 바쁜 시간에 쫓겨 하루에 얼마간이라도 자유로울 수 없다면 얼마나 가난하고 불쌍한 사람인가.

망중한忙中閑.

아무리 바빠도 주어진 시간을 활용할 줄 아는 지혜를 가지라는 뜻이다.

정년이 되고 나면 대개가 팍 늙어 버린다. 그리고 삶이 너무 지루하고 길게 느껴진다. 이제 끝이다 하는 자기 인식에 사로잡히기 때문이다.

생각을 고쳐보라. 진정 자유로운 시간을 얻었으니 기뻐하고 새로 시작해야 한다.

피카소가 졸년이 다 되어 다시 시작하는 마음으로 도예에 심취했다. 인생을 새로 태어나고자 하는 노력의 일환이었다. 그림 하나에만 진력한다는 것은 극단적인 독선이다. 도예를 시작하고 흥미롭게 살아갈 수 있었다 한다.

"어릴 때부터 하고 싶던 도예를 할 수 있게 되어 행복했다." 이 말은 피카소의 술회였다.

자기 삶을 경영하는 방법이 아닐까.

젊어서는 시간이 화살 같더니 늙어지니 시간이 정지한 것 같다고들 한다.

아침에 일어나 세수하고 갈 데도, 오라는 데도 없고 출퇴근 자동차도 기다려주지 않는다. 돈도 마음놓고 쓸 수 없다. 평생 식구들 걱정만 하다보니 어느새 아끼는 것이 몸에 배어버렸다. 뿐만 아니라 의기 소침해져 새로운 정보에도 어두워진다.

그렇다고 집안에서만 어슬렁거리면 아내나 며느리에게 눈총 맞게 된다.

해질녘 약속도 없이 옷차려 입고 나서서 옛 직장동료와 만나 담소하는 것도 한두 번, 뒷거리 어느 초라한 술집에서 시름을 달래느라 한 잔한 술의 힘을 빌어 호기롭게 귀가하지만 1, 2년이 지나면 상대해 주는 이 없다.

인생 60이라는 시대는 이미 옛이야기로 묻혀버리고 100년이라는 신세대에 살고 있다.

어쩌면 이제부터 살아야 할 시간이 더 길어질지도 모른다.

그러니까 목표를 가지고 살라는 것이다.

누구나 인생은 단 한번이라는데 아쉬움이 있고 후회가 따른다.

정년은 우리 모두가 맞이할 피할 수 없는 미래다.

평생을 일밖에 몰랐던 사람은 자유로운 시간이 주어진다 해도 아무 일도 시작하지 못하고 주저앉게 된다. 운동 하나라도 시작할까 말까 망설이게 되는 것은 자신감 상실에서다.

젊어서 고생은 돈 주고도 못 산다는 말이 있다. 그런데 요즘 젊어 고생은 늙어지면 청승맞도록 초라해진다. 왜일까.

걱정, 근심 떠날 날 없던 젊은날에 위축되었던 삶의 버릇 때문에 늙어서도 자신 있게 삶을 즐길 줄 모른다.

브라질 리오의 카니발을 본다. 그들은 축제를 위하여 인생을 건다해도 과언이 아니다.

일년 내내 땀 흘려 번 돈을 며칠을 위하여 아낌없이 써버린다. 축제가 끝나면 또 다음해를 위하여 열심히 돈을 번다. 그것은 그들의 삶의 목표이자 희망이다.

정년 후에 방통대에 입학하는 것도, 다른 전공을 찾아 손주 같은 또래와 동급생이 되는 것도 인생을 다시 한번 사는 건강한 방법이다.

정년과 동시에 과거라는 짐을 벗어버리고 훌훌 자유로워질 줄 알아야겠다.

우리는 너무 많이 고생한 세대이다. 누구도 보상해 주지 않는다. 스스로가 젊게 살아가는 방법을 찾아야 한다. 이제부터의 시간은 결코 짧지 않고, 살아 있는 동안을 어떻게 의미있게 할 것인가가 중요하다.

늙어서 건강에 너무 자신을 가진다는 것은 교만이다.

그리고 다시금 과거라는 두꺼운 옷을 미련없이 던진다면 훨씬 밝아질 수 있다.

인생은 좋은 일만 있을 수 없다. 괴로움도 기쁨도 슬픔도 억울함도 함께 하는 모순을 지녔기에 더욱 정겨운 것이다.

우리가 정년이라는 것을 결혼적령기와 같이 생각한다면 가볍게 느껴질 것이다. 토요일마다 노인학교에 간다는 목적이라도 가지며 언젠가 다가올 인력부족 현상을 노인인력으로라도 대체할 수 있을 날이 올 것을 기대해 보며 나는 오늘도 산에 오르며 돌을 얹는다.

한 가닥 바람이 되어

'숲체원' 윤 원장의 강의에 우리 민족이 세계 여러 곳으로 퍼져 나간 곳 마다 김치, 깍두기, 무 채나물, 고사리나물이 그 지방 식품과 나란히 자리 잡고 있다는 말을 들으며 지금 우리 몸에 좋은 발효식품인 김치와 나물과 고추장이 비빔밥으로 비행기 기내 식품이 되어 하늘길을 날고 있다는 생각을 한다.

문화란 필요한 곳으로 흘러가는 물과 같은 것이다. 아주 먼 옛날 대상들의 동서 교역의 비단길, 스키타이 민족의 골드 로드는 우리와 밀접한 관계가 되어 금을 좋아 하는 민족이 되었듯이 인도의 향신료 길 등, 춤·음악·악기 놀이·씨름 같은 것이 교류하며 오늘에 이르렀다.

지금 여기저기서 지구 건강을 걱정하는 환경운동가들이 하나 밖에 없는 지구를 살리자 외치고 있고, 우리들도 그 심각성을 알면서 주춤하고 있는 사이 남극의 빙하는 점점 녹아내려 기온 변화 등 이변을 일으켜 우리 삶을 위협하고 있다.

우리 모두가 편리하다는 이름으로 개조된 인공적 환경 속에서 자연을 마구 훼손한 결과 지구 온난화나 사막화로 물, 대기 오염 등 많은 문제가 생기고 있다. 자연은 인간이 지배할 수 있는 대상이 아니고 우리들 자신도 자연의 일부임을 알아야 한다.

청태산 숲, 자연은 여기 이렇게 있어 오늘도 우리를 반기고 있다. 도착하자 몇 조로 나뉘어 숲 해설가의 뒤를 따른다. 도시에서 병든 우리를 치료하기 위해 숲을 살리자는 운동이 일고 있다. 일행은 숲에 들어가며 이렇게 잘 가꾸어 준 산림청 나무를 닮은 사람들의 수고에 고맙다는 인사를 해야 할 것 같다. 이제 숲은 사람의 병을 고쳐주는 훌륭한 병원이요, 의사가 되었다. 우리가 살다가 어느 날 한번 크게 아프거나 사업에 실패하고 나면 손해보는 게 아니라 오만하던 사람도 겸손해지며 많은 걸 깨닫게 된다. 세상을 보는 눈이 달라지며 아주 작은 것에도 눈물나도록 고마운 마음을 갖게된다.

일행들은 벌써 "숲의 품에 안겨 이런 곳에 살면 좋겠다."를 연발한다. 요즘 병 치료하러 숲체원을 찾는 사람이 많다. 자연이 주는 무한한 치유력을 이제야 안 것이다.

얼마 전 친구의 수목장 고별식에 다녀왔다.

화장장에 가 두 시간쯤 기다리자 생전 병고로 고생고생하며 지니고 다녔던 육신이라는 무거운 옷을 벗고 해골이 되어 쇄골하는 과정을 지켜보며 망자의 넋은 어디로 갔을까, 아직도 따뜻한 체온이 느껴질 것만 같은 화장한 재를 담은 항아리를 안고 흐느끼는 아들이 수목장하러 들어가는 숲속 오솔길에 다람쥐가 새 손님을 맞이하듯 쪼르르 달려 나온다. 친구는 착한 사람 같은 한 그루 나무 밑에 자연의 일부가 되어 돌아갔다.

숲에 이는 바람에도, 흙 내음에도, 하늘을 떠가는 흰구름에도, 친구를 찾아 두리번거린다. 고향 그리다 간 실향민인 그녀.

숲은 죽은 자와 산 자가 함께 사는 곳.

이제 친구는 어디에도 보이지 않는다. 그 영혼이 날아간 하늘 길은 어디쯤일까.

아마 고향 길 찾아가는 한 가닥 바람이 되었나 보다.

왕고모

때는 1953년, 을지로 입구 지금의 개풍상회 맞은편 건물 3층에 대한민국 여성장관 제1호 임영신이 잡지 ≪여성계≫ 사장이고 주간이 조경희 선생이었을 때 내가 원고배달을 간 것이 첫 만남이었다. 서울이 폐허같던 당시 원고료 주는 데가 드물어서 대중지로는 ≪희망≫, ≪아리랑≫, ≪학원≫ 정도로, 모두가 먹고 살기가 어렵던 시대였다. 그런데 남편은 맞돈 줘야 쓴다고 배짱부려 원고료 떼이는 일이 없었는데 ≪여성계≫만 가끔 공치는 때가 있었다.

밤새워 쓴 글이건만 원고료 못 받는 것이 속상한 내게 조경희 선생은 지금도 영업하고 있는 하동관에서 점심을 사 주곤 했다. 당시 웬만한 작가들이 원고를 갖고 가면 돈 없어 원고료 못 주는 대신 미인공세로 얼버무리고 말았던 것 같다. 조경희 선생의 회고록을 보니 그 때에 남성작가들에게 죠크로 "내 살 만져보라"고 하셨다고 한다. 그러나 사실은 젊은 여기자들에게 "얘들아 00선생 안아주라"로 넘겨버리기 일쑤였다고 한다. 흔파는 생각다 못해 나를 심부름꾼으로 보낸 것이 주효했던 것 같다. 원고 가지고 간 나를 앉혀 놓고 돈을 여기저기서 마련하여 지불해 준 것이다. 그것이 조경희 선생님과의 인연이 되어 1969년 ≪여성동아≫에 터질 것 같은 울분을 마구 써 갈기던 주부기고가, 너무 심하지 않느냐면서도 등 두드리며 격려해 주신 것이 오늘의 나를 있게 했다고 해도 과언이 아니다.

≪여성동아≫ 칼럼이 한 권의 책으로, 묶여 첫 수필집이 1974년 출간되자, 흔파에게 그 동안 속 많이 썩였으니 보상하는 셈치고 출판기념회를 해주라고 권하는 바람에 나는 출판기념회까지 하는 호사를 누렸는데, 그것은 조경희 선생의 덕이었다. 그 후 시간이 지나 어느 세미나에서 나는 조선생님과 룸메이트를 하게 되었다. 조심스럽고 어렵지만 잘 해드려야지 했는데 너무나 깔끔한 여자중의 여자임에 다시 한번 놀랐고 도와 드리기는커녕 많은 것을 배울 수 있었다. 친해지자 강화 여인답게 육젓 고르는 법, 순무철 일러주시던 알뜰한 살림꾼이었다.

남편과 본이 같은 동갑내기로 남편이 나를 속상하게 할 때 대신해 야단쳐주시던 집안의 어른 같은 왕고모님이었다. 장관 재임시 심각한 회의중 커피타임에 가볍게 던지는 윤활유 같은 유머, 당신만이 해낼 수 있는 멋이요 재치, 이제 어디서 들을 수 있을까. 살아있는 자들의 반열에서 또 한 사람의 큰 분을 보냈다.

오늘밤 하늘엔 별이 보인다. 옛날 나를 사랑해 주었던 사람들이 이제 이 땅 위보다 저 높은 하늘 쪽에 많이가 별이 되어 빛나고 있다.

흐르는 별은 어딘가에 가 살아있다는데 당신이라는 큰 별은 빛과 같은 존재였습니다. 우리는 당신을 언제 언제까지나 기억할 것입니다. 왕고모님 편히 쉬십시오. 우리 다시 만날 때까지… 안녕히 계십시오.

■ 연보

• 약력

1955년	숙명여대 국문과 졸업.
1974년	이화여대 대학원 수료.
1983년	상명여대 대학원 수료.
1952년	희망사 기자.
1954년	고시계 기자.
1995년	선문대 정년.
2005년	한일문화교류협회 회장.
2006년	한국번역가 협회 고문.

• 작품

1963년	≪여성계≫, 〈남편을 말함〉.
1965년	≪여원≫, 〈술과 가정생활〉.
1967년	≪여성동아≫, 〈탈 주부〉.
1969년	≪현대여성≫, 〈남성연구〉6회 연재.
1969년	≪여성동아≫, 〈오는 정 가는 정〉18회 연재 여성칼럼으로 개제됨.
1971년	≪여상≫, 〈남편 얕개〉5회 연재.
1973년	≪여성동아≫, 〈부부생활 96장〉.
1975년	≪여성동아≫, 〈부부금기 24장〉.
1976년	≪주부생활≫, 〈남성공개장〉6회.

1974년	≪한국수필≫, 〈다람쥐〉.
1978년	≪주부생활≫, 〈동남아 견문록 나르는 촌닭〉 10회 연재.
1981년	KBS R 칼럼.
1981년	≪여성동아≫, 〈나의 남편 장개석〉 송미령저 번역소개.
1983년	일본북해도 대학 강좌 〈한국의 북방문화와 북해도〉.
1985년	일본 NHK 사업단 계간지 ≪한일문화 비교≫.
1988년	일본 가나자와문학 '시' 소개.
1988년	일본세계일보 '펜잡긴기' 계재.
1999년	≪우리문학≫, 〈애매한 일본의 나〉(大江健三郎 노벨문학상 번역소개).
1989년	≪수필문학≫, '일본 에세이선' 10회 번역 연재.
2005년	≪문학시대≫, 〈시인은 보았노라〉 연재중.
2008년	≪수필 시대≫, 〈삶과 문학의 여울에서〉 연재중.
수필집	≪바늘없는 시계탑≫, ≪행복사전≫, ≪순수의 기쁨≫, ≪인생은 결코 짧지 않다≫, ≪스스로 일어서는 나무≫, ≪아현동 비둘기≫, 대학교재 및 번역서.

• 수상

1991년	한국수필사 수필문학상.
1999년	수필문학사 수필문학대상.
2000년	숙명여대 문인회 숙대문학상.
2001년	국제 펜 한국본부 제35회 번역문학상.

현대수필가 100인선 · 13
정명숙 수필선

한 가닥 바람이 되어

초판인쇄 | 2008년 4월 10일
초판발행 | 2008년 4월 15일

지은이 | 정 명 숙
펴낸이 | 서 정 환
펴낸곳 | 좋은수필사

주　소 | 서울시 종로구 익선동 30-6
　　　　운현신화타워 빌딩 3층 305호
전　화 | 02)3675-5635, 063)275-4000
등　록 | 1984년 8월 17일 제28호
홈페이지 | http://www.shin-a.co.kr
e-mail | essay321@hanmail.net

값 7,000원

ISBN 978-89-5925-282-4　04180
ISBN 978-89-5925-247-3　(전 100권)

* 저자와 협의하여 인지는 생략합니다.
* 잘못된 책은 바꿔 드립니다.